COSMIC
GARDEN
Forerunner

The Portal to Cosmic Consciousness

意識覺醒的旅程，持續中……

迴旋宇宙 2 下

THE CONVOLUTED UNIVERSE BOOK TWO

時間門戶和靈魂切面

新版

劃時代的先驅催眠師

《地球守護者》、《三波志願者與新地球》作者

Dolores Cannon（朵洛莉絲．侃南）著

林雨蒨＊張志華 譯

園丁的話

《迴旋宇宙》2中和2下之間的間隔挺久，旁觀這段時間，以地球而言，因氣候變遷而導致的乾旱、洪水和火災次數越來越多，災情也越來越嚴重；新冠肺炎的爆發，反映了各國各地人性的光輝和自私；善與惡，光明和暗黑的有形無形戰爭，持續在世界各地拉鋸角力著；我們看到以自由之名行暴亂之實的活動，加害者扮受害者的混淆視聽，假民主之名行專制之實的貪婪政客集團，也看到金錢遊戲規則的制定者急遽擴大了地球民眾的貧富差距，資源、財富和權勢加速集中在極少數人手中。網路和社群媒體的存在與作用已如人們的每日三餐，原爲促進溝通交流，縮短世界差距的工具，卻因使用者的不良意圖反成了黑暗蔓延的溫床；多少挑動仇恨偏見的假新聞流竄其間，多少霸凌和嘲諷的言論在帶動風氣和負面影響著人心。

寫到這，眞的覺得我們要做的，可以做的，可以改善的，有太多太多了。不要認爲自己力量小，只要多數人能「勿以惡小而爲之，勿以善小而不爲」，這就會是一股非常驚人的，正面的改變力量。

有件事必須特別提出來提醒。

一本多年前的國外舊作，去年二〇二〇年在台灣出版，賣點是作者聲稱實體被外星人帶至另一星球，而書裡有關地球歷史、人種和外星內容多是早年眾說紛紜的爭議論點。那本以眞實故事的說法來包裝作者價值觀／信仰的書，被台灣和大陸不怎麼了解形上學、靈性及宇宙知識的人們大力吹捧，那本書裡明顯有多處說法／觀點與基本的靈性知識牴觸。若是沒接觸過靈性書籍，沒有相關知識的人也就罷了，令人感到不解的是，台灣有些所謂的身心靈圈人士，亦推波助瀾地宣傳那本在根本上有著靈性漏洞的書籍，而更多人則是不假思辨地跟風推崇。這究竟是怎麼回事？如果那本書不自述和宣傳爲眞實事件，卻明顯與宇宙的法則和愛相矛盾，然後又一堆人信以爲眞，也就根本不必在此一提。正因它會傳遞給閱讀者及對外星主題有興趣的人偏狹的靈性觀念／知識，我覺得非常、非常有必要說明。

我很同意崇尚物質主義和金錢絕非人類發展之福，我也認爲地球很大的問題是出在政治和宗教（而歸根究柢是出在人的品質）。我希望並期待一個正義和公道的世界。但是，一個明顯有不少疑點的故事，不論是小說或夢境？硬要說是眞實的事件，自稱是宇宙最高文明的訊息，（藉以傳遞作者個人的信仰和理念？）目的應在獲取閱讀者對內容的完全信任，我眞的認爲這樣的包裝和做法對人類社會並不是件好事。

一個強調報復、殘酷懲罰的星球說自己是宇宙最高文明，這已明顯偏離宇宙的愛的眞理。書裡對墮胎和同性愛情的說法也太表面和膚淺，三言兩語便帶過並定論，完全沒有觸及靈魂與生命的運作、體驗和課題的概念，僅這幾點（尚不論及種族和宗教），就足已令人懷疑其內容眞實性和廣度。如果說這些內容反映的是作者個人的觀念還較爲眞實。宇宙何其浩瀚，只因比地球高階，便自稱宇宙最高文明，這不也是將人類的自大無知，有意識或下意識地投射和延伸到了自以爲的宇宙嗎？

就算就算，那一切如夢似眞地曾在作者的腦袋裡發生過，不論是對夢境或對人腦運作有些了解的人也會知道，許多印象經過時間、經過大腦，就會被扭曲而部分失眞。那本書的「眞實度」有極大的問題，絕對需被質疑。

盡信書不如無書。對任何書都應如此。相信網路（廣告）宣傳或任何自稱的最高文明一眞理，不如相信已被多次驗證的知識，相信自己的心。藉此再次提醒大家：請運用思辨力。切勿盲信盲從！

另，也容我再次做必要提醒：我們此刻有肉身，活在三次元的實體世界裡，就是要聚焦在這個世界的遊戲規則，腳踏實地，誠實誠懇的做人，如果無法試著做到這點，只一味追求、強調神通接訊，或把高次元掛在嘴上，刻意顯示自己的不同，那都只是小我作祟，反映的是內心的空洞和欠缺自信。

在三次元裡若不努力做到誠實面對自己和他人，什麼5、6、7、8、9，甚至10、12次元也都只是嘴上的虛擬數字罷了。若過不了三次元的關卡，是要如何晉級至更高次元呢？說得再多、再好聽而言行不一，徒然延誤自己和他人靈魂回歸的進程。

綜觀這兩年，在現今新媒體的型態下，當吸睛和點閱流量成了主要目的，資訊的品質、深度和正確度就越來越容易被忽略及犧牲。當越多越多資訊（不論正確無否）可方便取得，人們有限的時間被分割，閱讀和思考的人少了，卻也越顯珍貴。

我一直認爲，閱讀實體書有它無可取代的意義。因爲那是你和作者，也是你和自己珍貴的私人時間。閱讀的時間，事實上也是高我最能親近你的時候之一。

閱讀豐收，愉快！☺

contents 目次

第六篇

次元和時間門戶

第二十章 原住民

莉莉是位心理學家，我是在二〇〇二年四月參加在拉斯維加斯舉辦的靈魂替換進化大會的期間為她進行催眠。這次催眠所揭露的訊息顯示次元入口的存在比我們所能想像的來得久遠，而且一直被使用中。

當莉莉下了雲端，她發現自己站在一望無際的高大草叢裡。在沒被詢問的情況下，她的心智便提供了地點。

莉：一片高大的草叢，有莖的細長的草，像小麥。

朵：你覺得你在這樣的地方？

莉：我覺得是。感覺平坦。感覺這裡是一大片土地。

她被她認為是麥田的草群所包圍，但她看到的遠處某個東西，絕對不屬於這個田園風光。

莉：我感覺遠處有個很巨大的獨立石塊。

朵：你所謂的獨立石塊是什麼意思？

莉：一片很大的山丘。是岩石。岩石做的。可是更大而且平坦（指比一般石塊）。是岩石。

我認為如果她說的是澳洲，那很可能是位於澳洲中部的艾爾斯岩（Ayers Rock）（譯注：澳洲著名的地標）。它的顯著正是因為它獨自矗立在平坦和荒涼的地形。

莉：艾爾斯岩。他們說是艾爾斯岩。它就是獨自矗立在那兒。

以下是在網路上找到的資料。

艾爾斯岩也被知曉為「烏盧魯」（Uluru）——澳洲原住民對它的稱呼。它是世界上最大的獨塊岩體，三百四十八公尺高，基圍周長約九公里，矗立在澳洲大陸正中央的荒涼地帶。它被認為是世上的奇景之一，而且跟埃及的大金字塔一樣，位於行星的主要網格點。這塊巨石的顏色會因每天陽光變化的時間和氣層狀況而有顯著改變，可以從藍色到發光的火焰般的紅色。

◎　◎　◎

艾爾斯岩被視為神聖之地，在原住民宗教裡受到相當的崇敬。澳洲原住民相信在地底下的這塊岩石是空心的，而且有一個他們稱為「朱庫爾帕」（Tjukurpa）、「夢創時代」（Dream Time）或「夢時代」的能量來源。這個詞也被用來表示某特定祖先的所有活動紀錄，從他或她旅程的一開始到結束。原住民知道有幾十個祖先居住在艾爾斯岩附近，他們的活動被記錄在許多不同的地點。在每一處發生的事件都能因此而被述說。在這個地區也發現許多古代岩畫。有些已經被解讀，有些還沒有。這些繪畫會被定期維新，層層的漆可追溯到好幾千年以前。

★　★　★

朵：這個巨型石塊是什麼顏色？

她的聲音，表達方式開始改變，變得簡單，幾乎原始。她說話非常緩慢、慎重。

莉：暗色。棕紅色。當太陽照到時，它會變得比較火紅。

她絕對是在描述艾爾斯岩。

朵：除了這個巨石碑，你的周遭是一片原野？

莉：麥田。要不然就是看起來像是很高的草。硬，它們比草硬很多。

朵：那裡有任何住家、建築物還是什麼的嗎？

莉：這邊有原住民（對說出這個字有困難）住在附近。（非常慎重的口吻）部落居民住在附近。

我請她描述自己。她是一個棕色皮膚，有著黑色頭髮的男子，「鬍子很少」，穿著「覆蓋住軀體和腰部的毛皮」。他大約二十多或三十多歲，但這個年紀並不算年輕了。他說他的身體「強壯，戰士般的強壯。勇敢，我很勇敢。」

朵：你有佩戴任何的裝飾品還是……

莉：（打斷我的話）珠子。戴在我的脖子。有好幾串象徵勇氣和保護的金屬護身符。在我的頭髮上你會注意到……榮譽的象徵。在我們的社群是榮譽的象徵。

朵：你頭髮上有什麼東西是那樣的象徵？

莉：骨頭、動物的長牙和金屬硬幣圈。

朵：那是交織在你的頭髮裡嗎？

莉：（停頓）就像我頭上的一條項鍊。（她說話的用詞很簡單，是這個個體熟悉的語彙）我是……有地位的。像是首領，但不是首領。那是我贏得的榮耀。（有點困惑）你能……你看不到我嗎？

朵：不能。我們之間被一個帷幕分隔。

莉：我的胸膛很大，很多肌肉。我很自豪。

朵：這是為什麼我必須問問題，因為我沒有辦法那麼清楚得看到你。你能夠了解嗎？（可以。）你有其他的裝飾物嗎？

莉：有，我的皮膚上有切口的傷疤。我們這麼做是因為這是成長的過程，而且它可以顯示我們的年紀。它也意味我們所殺的每隻動物，以及來傷害我們的外來移居者。但我們不會殺害人類，因為那違反我們的宗教。

朵：了解。可是當你們在殺動物的時候，你們會在身上留下一個切口？

莉：對。這是勇士實力的象徵。

朵：你在哪裡做這個切口記號？

莉：在我的右手臂。有時候是左手。還有乳頭以上的胸部。上面……在脖子和胸膛。

朵：這是為什麼你會得到榮譽的護身符？因為你做的事，像是殺動物？

莉：那比較是身上的切口傷疤所代表的成績。護身符比較是代表成年了，在我們的文化是這樣。它象徵尊嚴跟榮譽。我們從小的時候就是這樣；你知道你被期待要做些什麼。

她所用的字都經過小心選擇，就好像這個存在體對這些字陌生而且不熟悉。她說得非常緩慢慎重和直接。

朵：於是你就得到代表你到了那個狀態的標誌。

莉：是的。但不是部落裡的所有人都有這個機會。

朵：你說你會殺那裡的動物。

莉：對。這是我身為男性的角色。我用矛和雙手。

朵：動物的動作都很迅速，不是嗎？

莉：我們很聰明。我們知道怎麼追蹤，然後在正確的時候攻擊。關鍵在於準確。

朵：你剛剛提到，有的時候你也必須殺人？

莉：當外來的移居者破壞我們的土地或傷害我們的人的時候。我們有時候就必須——雖說是我父親告訴我的——但我覺得我也會這麼做。我不會主動要去傷害，但有時你必須去保護。保護自己人。

朵：沒錯。那些外來的移居者也是棕色皮膚嗎？

莉：白人。還有……還有……（猶豫，大嘆一口氣）……發光的人。

朵：你說發光的人是什麼意思？

莉：（他似乎有些擔憂）燈泡。他們看起來像是燈泡。會發光閃亮的人。（她的呼吸變快了）

朵：這些白人看起來跟你一樣，除了膚色不同。（對。）而其他的人看起來不一樣嗎？

莉：（困惑而且非常害怕的口吻）他們在……發光的人一起在……（尋找用字）旋轉他們（指白人）。心靈……大腦……是背後的力量。這些發光的燈泡……這些發光的人在主導。他們有力量。

他很困難地完成了這段描述，但很滿意找到了適當的詞彙。

朵：我以為你的意思是這些白人是移居者。

莉：這些白人從……（有困難形容）太空船？建築物？東西？出來……他們從那些發光的人所在的發光的東西裡出來。

朵：你是說發光的人在裡面，然後白人從那裡出來？

莉：對，那些白人從那裡出來。然後這些發光的人，他們看起來像是試管或桿子上的大玉米。發光的人看起來像玉米。長而橢圓。

朵：所以他們看起來跟其他人不一樣。

莉：（她很激動，終於讓我了解了。）沒錯！沒錯！

朵：那是你從來沒有見過的東西？

莉：從來沒有！看起來很嚇人！（深吸一口氣）我們不能去那邊。他們是從天上很遠的地方來的。白人跟我們說話，白人向我們解釋。

朵：這些發光的人，你能夠看到他們的臉嗎？他們的面貌？還是都在發亮？

莉：都在發光和振動，腦袋也是。所有的腦袋。他們知道，知道，知道……知道。

朵：你說所有的腦袋是什麼意思？

莉：他們什麼都知道。他們知道。他們什麼都看到。就像電腦，可是是活的，而且在振動。沒有手臂、沒有腿、沒有臉。可是他們最上面的顏色跟最下面的顏色是不一樣的。豆莢（指會發光的人）最上面的顏色跟下面不同。下面的顏色比較藍，閃亮的藍和綠色。豆莢頂部是白色，大腦的地方。

顯然這個存在體是從現在的莉莉的詞彙裡搜尋用字，要不然這個原住民不會有字彙來解釋他現在試圖向我形容的未知事物。

朵：但你說這些人來了，然後你們不能去那邊。

莉：（打斷我的話）不，不，不去太空船，不去太空船那裡。

朵：他們在哪裡降落？

莉：懸崖邊，岩石邊。離巨石很遠，但離岩石很近。跟麥田有段距離。白皮膚的……他們來找我們。他們向我們解釋。最初我們很害怕，我們從來沒有見過白人。我們以為他們生病了，身體裡沒有血。他們沒有像我們一樣的頭髮。沒有深色的。沒有……沒有跟我們一樣的東西。他們全是白的。沒有衣服。沒有可以繁殖的東西。沒有我們有的。

他顯然是在說性器官。

朵：他們跟你們一樣有眼睛嗎？

莉：有，可是不會眨，他們不眨眼。他們是白人，可是不一樣。沒有你們所說的「身體結構」，沒有「身體結構」。

朵：可是你稱他們是移居者，不是嗎？

莉：他們來這邊定居，做試驗，取土壤，跟我們說話，把我們的小孩帶去跟他們工作。

朵：你說把你們的小孩帶去是什麼意思？

莉：帶回到船上。教導，談話，飛上飛下，然後再帶他們回來。

朵：你對這件事感覺如何？

莉：他們說沒有關係。他們是好人。我們的小孩想要學習。我們覺得沒有問題。（他聽起來並不是很有信心）我哪裡也不去。我不去那裡。不去那裡。我會害怕。害怕。我不知道要怎麼……怎麼辦。

朵：所以白人來了，然後跟你們說話……

莉：（打斷我）他們有一點發光。有一點。

朵：可是他們有解釋會是什麼情形？

莉：對，他們說一切都不會有問題。要鎮定，同意這個約定。我們約定了不造成傷害，然後小孩都會很好，他們會學習，會帶回來工具。矛，還有石塊。石塊很平滑，矛的末端是彎曲的。還有圓形的東西。圓盤。幫助婦女種種子、玉米、做麵包。

朵：那些圓盤是什麼做的？

莉：石頭，可是是軟的，圓的，很平滑。很容易敲打。在桌子和石碗敲打。他們告訴我們怎麼讓事情變得更容易。但我們不知道他們是怎麼做出來的。

朵：他們沒讓你們看怎麼做嗎？

莉：沒有，他們就是給我們。我們希望小孩能夠學到。

朵：也許這就是他們在教小孩的事情之一。

莉：小孩在船上很多時間。他們來來去去。我們不太談這個。

朵：小孩回來的時候不會跟你們說發生什麼事嗎？

莉：（他對於談論這個好像有點顧慮）有一個或兩個會說，可是說的不多。他們去學習，再教給別人，然後回來。

朵：可是孩子們會想要說嗎？

莉：他們被交待不要說。而且很多東西超過他們的腦袋所能理解。他們害怕。會嚇到婦女。嚇到女性。可是我是強壯的，我能夠承受。

朵：你有小孩嗎？

莉：有，五個。兩個男生會去太空船上。他們喜歡。

朵：他們有被教導一些事情？

莉：有。可是要旅行。旅行到遙遠的地方，不只一個地方。不是這裡，他們去很遠。

朵：他們有沒有告訴你他們去的地方看起來是什麼樣子？

莉：離月亮很遠。他們說那裡住著紫色的人。那裡跟我們的地方，我們的世界看起來並不一樣。那些紫色的人住的地方都是綠色和植物。很熱。皮膚會熱和潮濕。紫色的人沒有皮膚，不像我們一樣。比較像是橡膠。他們就是所稱的兩棲類。紫色人是兩棲動物。

朵：兩棲動物對你的意思是什麼？

莉：他們可以在水裡游泳和在地面行走。他們看起來像是蠑螈人。你見過嗎？

朵：我知道蠑螈是像蜥蜴。

莉：他們游水多過蜥蜴。他們還可以直立，蜥蜴沒有那麼進化。他們很圓，有彈性。不像蜥蜴那樣硬和尖尖的。圓很多。

朵：因為蜥蜴的皮膚很硬。

莉：他們平滑，像橡膠有彈性。他們也會發光，可是不像在太空船上的人那麼亮。船上的人很亮，亮很多。

朵：你的兒子就是在那裡學習的嗎？還是在太空船上？

莉：他們去很多地方。他們會在太空船上，也會在他們旅行到的地方學習。

朵：他們有說他們在學什麼嗎？

莉：「教很多，爸。你不會懂的。」他們這麼告訴我。他們對我很好。他們說我不會懂。就像在你的世界裡的年輕孩子要跟一個一百歲的老人家解釋電腦一樣。最好就只說：「你不會了解的。」對，不了解。不會懂。對吧！你的世界非常先進，就像太空船一樣，是嗎？

朵：我想是吧。

所以，這個原住民多少能夠知道另一個他——莉莉所居住的這個世界，事情非常不同。顯然這沒有困擾他。我發現這個情形也發生在跟原住民談話的其他案例。他們通常更有直覺力，而且往往能夠看到其他空間卻不覺得它有任何不尋常的地方。

朵：在你的生命裡，事情都非常單純？

莉：是的，而太空船來自非常非常遠的地方。他們從很遙遠的地方來。他們穿越遙遠的時空。

朵：這是你兒子跟你説的嗎？（對。）那麼至少你知道他們沒有受到傷害。

莉：沒有受到傷害。他們很喜歡。他們想學更多。

朵：他們有給孩子們任何指示嗎？比如説用被教導的去做什麼？

莉：為原住民開墾土地。使土壤成長得更好。讓土壤更……（不確定的口吻）更乾燥，能夠生長更好的豆子，還有稻子。這沒道理啊。但他們説會發生的。我説我們需要水，作物才能長得好。他們説要乾燥。他們給我們看……液體在管子裡。可是那不是水。看起來像水銀，看起來是銀白色的組成物。你把它倒進乾燥的土壤，它會使所有的東西生長。真不可思議。

朵：所以你們不需要水？

莉：不需要。而且白色的人，他們告訴我們如何種植和耕作（感覺困惑），這怎麼可能？……所以他們幫助我們茁壯成長。小嬰兒有食物了。他們帶我們的小孩去別處旅行。而且……研究他們。

朵：他們有告訴你們怎麼製造這個液體嗎？

莉：液體來自太空船。來自紫色的星球。

朵：所以你們沒有辦法製造更多那種液體？

莉：不行。那是交換。我們讓他們研究我們的小孩。他們給我們生長和耕作的試管液體。

朵：可是他們要給你們，你們才有。你們自己沒有辦法製造。

莉：我們永遠都有啊。他們沒有離開。

朵：所以他們會留下來，然後繼續給你們這個液體。

莉：我們是這麼認為。他們留在這裡。他們是很好的人。

朵：附近有水嗎？因為你們必須要有水才能生活。

莉：不夠。非常乾燥。有時候會是個問題。

朵：可是你稍早的時候說，你們有時會殺掉這些移居者。那是什麼時候的事？

莉：在一開始的時候。當他們剛來的時候。我們那時候並不知道。我們犯了錯。我們當時非常恐懼。我們以為他們是要來搶我們的小孩，於是我們反抗。我們殺了兩個。然後追蹤他們。

朵：那兩個是白人嗎？（對。）他們有試著防衛自己嗎？

莉：他們不像我們。他們被帶回太空船上治療。

朵：所以他們沒有死？

莉：他們死了。然後他們……他們給他們新的生命。（驚訝）他們給他們身體新的能量。（不確定要怎麼說）在死去的身體裡有新的靈魂能量。新能量從頭下來，充滿整個身體。身體平躺在船上。靈魂從頭進入，融合，然後重新有了生命。

朵：他們這麼跟你說？

莉：這是我透過我的兒子知道的。

當莉莉醒來，她還記得那個事情的畫面。她看到死掉的外星人被放在一個厚厚的平板上，然後頭頂上有道像光暈的光，那個光讓他們活了回來。他們復活了。

朵：你們的人是用矛把他們殺死的嗎？

莉：還有矛上面的毒藥。有一種致命的植物。我說的是用來對付大型動物的毒藥。如果你能把矛對準頸部，穿過血管（手勢顯示是脖子側面，很可能是頸靜脈）。你就可以把牠殺死。

朵：這是你們殺動物的方法？

莉：大型動物。

朵：這也是最初來的人的死因？（對。）他們一定很驚訝，是嗎？

莉：沒有。他們知道這個星球的危險。他們有知識。他們知道我們。他們說他們以前來過。

（停頓）一千五百年。他們來過這裡。

朵：一千五百年前？

莉：第一千五百年。

朵：你們有關於這類人的傳説嗎？

莉：有。在岩石上。圓形頭罩。還有來自天上的圓形物。

朵：這些是畫在岩石上嗎？

莉：在他們回來的地方，懸崖邊的岩石。

朵：你們的人，那些以前就知道他們的人把圖畫在岩石上？

莉：對。然後他們消失了。很多人消失了，沒有回來。我們的人。在我父母親之前，他們的父母，他們父母的父母之前就有這樣的事。你問的是我們的傳説。他們（指白人）來了，然後有很多我們的人沒有回來。他們上了圓盤，然後就沒有回來了。就跟你們國家有些人的情形是一樣的。（停頓，感到困惑）

朵：你能夠知道我是從哪裡跟你説話？

莉：是的，他們讓我看到。你就像……在時間裡旅行。

朵：對，這是我喜歡做的事。而且我因此得到了很多資料。這些都是失落的資料。

莉：（驚訝）阿那薩吉（Anasazi）。他們説你知道阿那薩吉。這很類似。你了解我們。

阿那薩吉是十四世紀住在新墨西哥州查科峽谷（Chaco Canyon）的美國原住民部落。他們完全消失了。雖然他們的遺跡已被廣泛研究，但沒有人知道原因。他是在説有一個超自然的解釋嗎？

朵：那麼這些人很危險？這是為什麼你們的人會把他們殺了，因為害怕他們會像傳說中一樣把人帶走。

莉：我們只擔心我們的小孩。我們沒有想到傳說，我們想的是我們的小孩。那些人看起來很可怕。圖畫並沒有畫出那個可怕的樣子。你從來沒有看過像那樣的東西。他們沒有身體，沒有人類有的部位。

朵：無論如何，你並沒有殺死那些奇怪的人。他們又復活了。真的非常神奇，不是嗎？

莉：他們確實死了，然後又沒有死。那真的是很好的藥。

朵：好，但怎麼樣你都不想去有太空船的地方。(不想。)你非常勇敢，但不是那麼勇敢。

莉：我父親告訴我：「不要接近太空船」。其他人沒有回來，我對我的家庭有責任，我對我的小孩有責任。我不去船附近。我不過去，我必須保護我的家人。我現在會跟那些白人說話。我不覺得害怕。但我不到船上。那些白人沒有問題。我的小孩說他們沒有問題。我的小孩把我介紹給他們。

朵：小孩學到很多，而且他們給東西讓你們的人使用。

莉：為了他們的作物。

朵：那表示他們不想傷害你們。他們想幫助你們。(是的。)

我決定是時候將他帶到另一個場景，他比較年老的時候，這樣我們就能取得更多資料。我把他帶到他認為的重要一天。他似乎在看著什麼東西。

朵：是什麼東西？

莉：一個結構體。看起來像石頭雕刻的花，一個石頭……菱形狀，但圓圓的，有著不同的藍和……外圍是深藍色，還有綠和白色……米白的紋路流過石頭。我現在正面對這個石頭。它很高，比人還高。

朵：這個石頭在哪裡？

莉：在土地上。固定在地上。

朵：它以前就在那裡嗎？（沒有。）是有人做了這塊石頭，雕刻它還是什麼的嗎？

莉：我不在……我現在不在我的家鄉。

這個回答令人意外。

朵：哦？你不在你住的地方？

莉：不在。我是在……另一個世界。

朵：你是怎麼到那裡的？

莉：我不知道。我不舒服。這裡很暗。我不熟悉這個地方。

朵：我不想你感覺不舒服。你要不要跟我說話，不要讓這個環境干擾你？

朵：這裡跟我知道的地方都不一樣。它是……像黑曜岩。比我高。比我寬。它的形狀像一片直立的大葉子。它是石頭。我走到它面前。當你帶我來這裡時，這就是我看到的東西。

朵：附近有任何建築物嗎？還是只有它豎立在那邊？

莉：沒有。沒有建築物。可是你這樣一問，我就聽到並感覺到有個隧道。石頭隧道。啊！我問問看……我現在是在地球裡面。

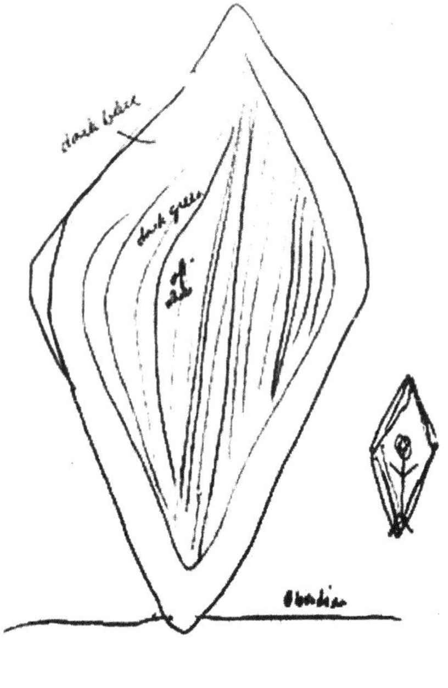

朵：這是為什麼很暗的原因嗎？

莉：對。非常不一樣。

朵：當你那樣問的時候，你就能得到答案。(是的。)那很好。你是怎麼到這個地方的？

莉：他們讓我進來。(一種明白什麼的感覺)我經過一道門。他們說在你們的語言是「門戶」。

朵：是在你住的地方嗎？

莉：附近。靠近懸崖。

朵：你說你不要走近太空船附近。

莉：沒有接近太空船。還是有段距離。不是靠近太空船，是靠近懸崖。那裡有像是通道的地方。

朵：是他們帶你去的嗎？

莉：他告訴我路。我自己去的。我穿過通路的門。暗色的門。

朵：你第一次看到那個門户時，它看起來是什麼樣子？

莉：（驚訝）一個影子。它看起來像是紅色岩石上的一個影子或一條線。你走向前去，然後把腳放到上面走過去，然後你就不見了。我看到這個石頭在我面前。它就像神。我想它是……我相信它是神。

朵：有任何人跟你一起嗎？

莉：沒有。我沒有看見。

朵：所以他們就這樣讓你過去。你接下來要做什麼？

莉：我在四處看……找光。我在找其他人。還有找回去的路。

朵：你可以調頭從原路回去嗎？

莉：我什麼都沒有看到。只有黑黑的一片和一點點的光。隧道。

朵：不是你進來的路嗎？

莉：不是。我走路，走了一步，然後就在這裡了。我不知道我是怎麼到的。

朵：你找不到你進入這邊的通路嗎？

莉：我找不到。我覺得我需要在這裡。要接收些什麼。要不然我為什麼會在這裡？一定是為了什麼事情。你知道是什麼嗎？

朵：不知道，那是我不熟悉的東西。我跟你一樣困惑。

莉：（驚訝，恍然大悟）知識。我從這個石頭得到知識。我站在石頭前面，把我的頭放在石頭上就可以得到知識。我現在站在石頭邊，然後把我的額頭靠在這個石頭上。

這個在地底下具有大量知識的奇怪石頭的描述，跟我寫在其他書裡的另兩個案例非常類似。在《監護人》這本書裡，約翰．強森從他在埃及的旅館飯店被帶到一個地底下的房間。那個房間中間有個非常大的石頭。他也從那個石頭得到許多的知識，可是他沒有辦法保留或是重述那些知識。我也有個案提到有類似的石頭座落在未來的地底城市。那是在未來當地球的大氣層已經被毒害到一個生命無法在地表生存的時候的未來。生還者必須要住在地底像是螞蟻農場的生活型態。在某個房間裡有個非常巨大的石頭，那些人可以透過這個石頭得到任何想要的知識。他們只要把他們的手放在上面，或是把額頭靠在石頭上。這些案例都代表了知識可以被儲存在石頭裡。

朵：就像魔術？

莉：像滲透作用（osmosis）。

朵：是哪類的知識？

莉：科學。學術方面。

朵：你了解嗎？（驚訝的語氣：了解。）雖然跟你來自的地方的科學不一樣。

莉：那是不必上太空船就可以穿越時間的方法。

朵：原來如此。你認為你兒子是透過這個方式學習的嗎？

莉：（驚訝）我不知道！我認為他們是在太空船上學習的。這個感覺很新鮮。我不知道是否有任何人知道。這個感覺起來很神秘。

朵：可是他們讓你去那裡不是嗎？

莉：他們沒有阻止我。（停頓）我不知道是他們還是我的孩子告訴我這裡的。我不知道他們知不知道我在這裡。

朵：如果你可以從那個石頭得到資料，那你要做什麼呢？

莉：旅行。

朵：什麼意思？

莉：我想回去找到那些留在這裡的族人。我想帶他們回來。

朵：傳說中的人？（對。）你覺得有可能嗎？

莉：是的。我覺得我可以從石頭得到資料。如果我能夠帶這些人回來，我就可以平靜地死去。

朵：你認為石頭會告訴你嗎？

莉：我這麼希望。我也希望它能帶我去那裡。我有感覺。我不知道會是怎麼做到，可是我感覺我跟這個石頭合作就能找到我的族人。

朵：你認為會有危險嗎？

莉：再怎麼樣也不會比我來到這個隧道危險。

朵：可是如果你找到了他們，你要怎麼帶他們回來？

莉：我會試。我不先去想。我會努力。

朵：你以前有想過要找到這些人嗎？

莉：沒有。可是我現在有想與他們連結，想要找到他們，帶他們回來的渴望。

朵：所以你並沒有很擔心你要怎麼離開那裡？

莉：我現在……在往前。我想要進到石頭裡。

朵：你認為你可以跟石頭融合？（是的。）告訴我接下來怎麼了？（我向她強調她是受到保護的）感覺如何？

莉：我是**光**。我在發光。我是……我是永恆的太陽。

朵：什麼時候發生的事？

莉：我跟石頭融合。我把我的頭和身體壓入石頭裡。我現在在**這裡**了。我是光。我是……就像火焰。我可以到任何地方。

朵：你說你在這裡，「這裡」是哪裡？

莉：我之前在石頭前面……在隧道裡。然後我現在是……無處不在。我是光。我是**能量**。

朵：你不再有身體了。（沒有。）你對沒有身體是怎樣的感覺？

莉：我覺得很棒。我不想要回去。我想要找到這些人。可是我不想回到我的身體裡。太小了，太……被約束。

朵：太受限？

莉：對。現在很大。我現在也許知道我兒子知道的事了。

朵：就是他們不能說的事。你剛剛提到太陽？

莉：我感覺我就是太陽。

朵：你的意思是發光嗎？

莉：而且很大。

朵：大而且發光。那很奇怪，不是嗎？

莉：不會感覺奇怪。感覺我好像曾經來過這裡。

朵：所以你一點也不想念身體。

莉：不會。我不想要有身體。

這就是發生在那些失蹤族人們身上的情形嗎？也許他們也穿越了在懸崖附近的門戶。這個門戶是在那些太空船總是會出現的地區。也許他的族人的消失和這些神秘的生命體有關。也許這些生命體也是透過這個門戶在不同的世界來回穿梭旅行。

朵：沒有身體是什麼感覺？

莉莉的聲音改變了，回復了正常。不再是那個搜尋正確字眼和語氣非常慎重的原住民。那個人格像是被拋下，而真正的人格出現了。

莉：感覺非常美好愉快。感覺像是……天使在跳舞。我能感覺到所有的生命。我能感受到所有的智慧。我不再是沒有知識。我知道所有的一切。

朵：你能那麼快就有這樣的轉變。你是這個意思嗎？

莉：我的身體和這個男性……這個身為原住民的生命是未受教育、原始，沒有文化的。他是個好人，但他是……原始的。我是同一個人，我認為。但我不再有男性或女性的感覺。我感覺到萬物。我覺得我透過存在，可以知道一切。

朵：那是非常棒，非常美好的感受，不是嗎？

莉：正是如此。就是很美好的感受。

朵：那麼那裡是個完美的地方。

莉：對，但那裡不是一個地方。它無所不在。沒有界限。我是不受限的。我不想回到那個身體和那樣的限制裡。

朵：在這個狀態，你就是在當下。你能夠知道發生的事。你現在有更了解那些白色的人了嗎？當時你的族人是發生了什麼事？

莉：那些白色的人是太空旅行者。他們旅行到遙遠的銀河尋找文明，尋找能夠提供給他們東西，可以相互繁榮雙方的文明。這是平等的互換。他們是好人。他們這麼做已經很久很久了。無盡的世紀。他們是太空／星際旅行者。

朵：那麼那些會發光的呢？他們跟白色的人不一樣。

莉：他們比較像是……我們現在的能量體。他們被包覆在一個細胞囊，一個薄膜裡，這可以讓他們跟團體一起旅行，就像隨行人員一樣。要不然會很難控制能量。所以那是一個為了旅行的薄膜，就像是太空衣。

朵：所以有兩種不同類型的生命體。

莉：是的。他們一起旅行。有著太空膜的存在體，或是說在囊裡，在衣服裡面的**我們**，是監護者的角色。任務的指揮官。

朵：所以他們並不怎麼跟人互動。

莉：沒有互動。我們是全知，什麼都能看到的領航員。

朵：這是為什麼有兩個不同的團體。他們一直以來就在這麼做了。這並不是負面的事，因為他們是在試圖幫助人們。

莉：完全正確。這就是宇宙的方式。教育人們並讓他們進化。而且除非人們渴望並且要求，要不然就不會干預。（停頓）你要問兩棲動物。

她一定是已經預料到我也會問這個問題。

朵：對，那是有紫色皮膚的一群？

莉：對，內部是金色的。他們的能量場裡面是金色的光。他們紫色的兩棲外觀能夠幫助他們因應氣候並呼吸空氣。

朵：這在他們居住的地方是必要的。那個形態的身體就是因為那個地方。

莉：對，他們居住的是比較紅色的星球。非常氣態。

朵：之前說到你在另一個地方的孩子被帶到這裡來學習事情。

莉：喔，對，兩棲類想要看到人類。

朵：他們對我們也很好奇？

莉：對。年輕男孩喜歡蜥蜴、蝸牛和魚。所以他們不會覺得害怕。

朵：這些就是你們的人在石頭上雕刻的東西嗎？

莉：不是。這個不能說。他們只刻那些在天上的圓盤，還有在附近走動的白色的人。可是我們並不知道那是真的。在那個時候我們不知道什麼是故事，什麼又是真實的。

朵：可是他們來地球有很長一段的時間間隔。

莉：對。大概地球年的四百年到五百年來一次就可以了。為了取土壤的樣本、測試和調查侵蝕……逐步破壞的情況。了解大氣層的狀況並帶回人類DNA的樣本。

朵：因為事物需要很長的時間才會改變。（對。）所以他們有時候會回來檢查。（對。）他們不必一直都在。

莉：沒錯。

我接著進行療癒的部分，畢竟這是催眠的最主要目的。有些內容很私人，而且只跟莉有關，因此就不放進這本書裡。

朵：我知道你是在一個有點奇怪的地方，但你似乎具有所有的知識。你知道被稱為莉莉的這個生命嗎？（知道。）在那個地方你知道你未來有一世會是莉莉嗎？（對。）你能夠得到關於她的資料嗎？

莉：我相信我們所在的地方可以取得許多的知識。我們為什麼不試試？如果我們無法取得，我們可以要求具有一切知識的生命體前來。他們會支持的，因為這是在她的要求權限內。所有的資訊都在那裡，甚至是你的，如果適合的話。但只在這個人、這個靈魂想知道的時候，那麼他們就可以取得。如果時間適合的話。

朵：時機永遠是非常重要。

莉：而且當我們說「我們」的時候，並不是有意要讓你害怕，因為我們是靈魂的許多面向。

朵：是的。當你說「我們」的時候，我了解你的意思。我已經跟你談過很多很多次話了。

莉：謝謝你。

朵：所以這不會困擾我。我通常就是在這個時候知道我可以找到有幫助的資料。找到這個人在那個地方的一生。我稱它為失落的資料。

莉：嗯……你是個探索者。

朵：對，我是記述的人，一個研究者。

莉：我們喜歡把你想成是探索心智和天界的人。

朵：我想要把我從未聽聞的事情一點一點地拼湊起來。

莉：你聽過很多事情了。

朵：對，可是我總是想要知道更多。

莉：你讓我想到，如果我在地球，我會將這些知識像光圈般地環繞你。

朵：（輕聲笑了出來）這是我為什麼寫這些書的原因，我想告訴別人這些資料，好讓他們了解。

莉：你做得很好。

朵：好，讓我們看看我們能不能為莉莉找到一些答案。她也喜歡探索和質疑。你能夠告訴我們關於她什麼事情？

莉：將會有很大的變化。這個過渡時期會非常艱難。她會覺得充滿危險與挑戰。但是她必須經歷，就如我通過進入地獄的門，卻是進入天堂一樣。這是要讓她知道她可以進入所有次元。而她也知道。她有到其他世界的途徑，她知道的。她可以使用這點讓自己受益。我們都在這裡協助她。她能夠做你們認為是神奇的事。如果她放下限制而且相信的話。只要她一直被人世的信念所牽絆，認為她這輩子充其量也只能做到現在這樣，她就無法擴展到下一個層次，而下一個層次是建構在事業上。這會帶她向前躍進，就像我走到那個石頭前一樣。她的**整體**目標是與宇宙合一。她將會涉及一個偉大的計畫，這個計畫跟偉大的實驗類似。她在另一個次元已經承諾了要這麼做。透過這個過程她將能夠被使用並加速提升。

朵：你說的「偉大的實驗」是指什麼？

莉：在現在這個時候，地球行星正進行一場意志之戰的重大測試。會有許多的疾病、許多不安，還有國家內部的爭鬥，許多的爭鬥。她是為這個星球帶來和平、和諧和整體性的使者之一。透過與她接觸的人的合作，透過奉獻她的愛，她會引起共鳴，啓動人們與那個光接觸。隨著光持續在星球成長，力量將更平衡，更趨向和諧。有許多偉大的光的戰士，他們正在為這個平衡，為正義的偉大勝利而戰。

朵：為什麼它被稱為「偉大的實驗」？

莉：那是個隱喻。因為並沒有一個確定的結果，只有可能性，如你所清楚知道的。並沒有肯定的結果，他已經跟你說過了。那個偉大的存在體。你知道的。你知道他是誰。她也很清楚。這個星球摧毀自己的可能性是存在的。而且非常有可能。然而，也有很大——或許更大——的可能性，它將到達一個平衡和暫時平靜的狀態。而有些人需要去做他們在這個平衡輪裡必須要去做的事。這或許還不夠明確。為了讓她能有人類觀點的客觀，有些資料已經給了她。也給了她一些看法，因為她這時候仍是在一個人類的身體裡。雖然她有個靈魂的出口，她在這兩年內有離開這個地球的機會，如果她這麼選擇的話。這完全會是她的決定。但這個身體將會保留下來。

朵：你說身體保留是什麼意思？

莉：她不會經歷死亡過程。身體會留在這個星球，而她，她的靈魂將會離開。

朵：那麼身體會是活著的？

莉：是的，身體會活著。

朵：身體要如何活著，如果她的靈魂……？

莉：會有一個靈魂進入並維持這個身體的完整能量。

在第二十八章會談到更多與暫代的靈魂有關的內容。

朵：但這要她決定這麼做才會發生。

莉：對。而且也許這個兩年的任務一完成，如果這個兩年的星際任務一切進行順利，她在那個時候可能選擇不再留在地球行星。

朵：不過那會是她的決定。決定在於她。

莉：完全是她的決定。身體將會保留。身體會健康和完好。我們沒有任何理由相信這個身體要死亡。在這個星球還有很多工作要做。她是個多次元的存在體。

朵：對，我跟其他多次元的存在體說過話，所以這不會讓我驚訝。

莉：是的，他們喜歡跟你工作。你不會認為他們愚蠢。她會希望你透過我們和我們的團體，以及跟我們合作的團體知道，如果對你有幫助，而且是適當或愉悅的，我們會非常樂意服務你。

朵：你們大家持續過來並提供我資料，我對你們非常感激和尊敬，這是為什麼我認為自己是個記述者，收集和累積資料的人。

莉：你絕不只是如此。你是時空的偉大領航者。你本身就是太空人，你自己知道。她在你身上看到了同類的太空生命。

朵：我在想我們稍早得到的有關原住民的資料。我可以得到允許使用那個資料嗎？

莉：絕對可以。她同意了。

朵：我把這些資料像是拼圖一樣地拼湊在一起。而且我一直都在尋找前所未聞的事。

莉：如果你的拼圖需要更多片段，你可以隨時聯繫我們，這是為了傳播知識。你協助她進入的這個狀態，可以進入整體和全知，這對你們雙方都很有幫助，不是嗎？(是的。)我們現在想在她的人類心智放入一個暗示。我們要得到你的同意才這麼做。我們想要她知道她隨時都能和我們取得聯繫。她能夠幫助自己療癒恐懼，獲得洞見與智慧。但她必須記得要要求，就像你一直在問，在要求許可。在她事業進展的路上，她沒有什麼好恐懼的。事情會以她覺得自在的步調發展。她不需要急著去做任何事，一切都在發生中。

第二十一章　未來人的時間門戶（時光旅行者）

這段資料是擷取自一個完整版本要長得多的催眠紀錄。透過這位個案傳遞訊息的存在體並不是向來跟我合作，我們一般所認知的外星人。這個存在體透過這次的催眠說得很清楚，他是來自未來的時間旅人。他們使用的太空船跟我們經常在天空中看到的外星人太空船很類似。他們也在不同的次元之間來回穿梭，就跟外星人一樣，只是他們來自的次元是跟我們其中一個可能的未來有關。

他們經常旅行回到他們的過去，做出會影響他們文明的改變。這些改變通常非常微妙，幾乎不會被注意到。如果改變太戲劇化，他們的世界會因此有劇烈變化，而他們所屬和所知的文明可能會因此完全變了樣而不復存在。因此當他們穿越時間回到過去時，他們必須遵守非常嚴格的規定，他們要非常小心對事件所造成的影響。

由於這些微妙的情形，通常他們只是當觀察者。他們說他們是使用門戶或窗口。這兩者的不同已在前面章節（《迴旋宇宙2》中）說明過；窗口是用來觀看，而門戶實際上可以穿越。使用窗口是最安全的時光旅行的方法，因為如果他們只是來此觀察，他們並不能影響或改變任何事。

他們說有許多時間門戶跟位於地球多處的時間渦旋是連結的。時間門戶和能量線（地脈）的位置有關，它們交會的地方就是能量渦旋。許多聖地和古老的神殿都是建在這些地區。古代的人具有使用門戶和窗口的知識，他們除了進行時光旅行，也會為他們那個時代的人觀察，以獲得資訊。這是為什麼這些聖地有它們的神聖區域，而那些區域只有自己的成員能夠進入的原因之一。他們擁有我們夢寐以求的知識。許多失傳的知識被允許在這時候回來；現在是地球重新獲得這些被遺忘的資料，進入新時代的時候了。

我跟這些未來人，或說時光旅人的接觸，就如我大部分的資料，來得相當意外。在他們的明確指示下，我不被允許說出確實的發生地點，我只能透露我當時是在紐約地區出席幾個座談，我在當地友人家停留期間也進行了一些私人的催眠療程。這位女性個案想要探究一九六六年夏天的事件，她認為跟幽浮／外星人接觸及時間消失有關。

那是一個有著陰暗月光的夜晚，當時她和一位女性友人走在幽靜的海邊。那個海邊算是安全的地區，附近有些華宅，水面上映照著美麗的滿月倒影。由於那晚天氣舒適，她們想沿著岸邊走個幾哩路再調回頭去。走著走著，她們看到天空有光朝她們而來，接下來，她們就發現已經回到了旅館房間。她們決心要知道是怎麼回事，於是回到海邊。

她們看到自己留在沙灘上的腳印，但腳印只到一半就突然沒了。她們很好奇究竟是如何回到旅館的。這是她這次催眠想要探究的事件。

開始催眠後，她回到了這個場景。她描述周遭的環境和滿月，當時有輛黑色貨卡開過，裡面有四個人，那就是唯一的人煙，那輛車沒有開車燈，此外，海邊沒有其他人。她說她覺得有些奇怪，她往上看，看到有好幾個白光，當時的天空有不少飛機，可是這些光不一樣，亮得很突顯，甚至跟天上的滿月一樣明顯。

「它們比月亮亮多了。」她說：「這些光越靠近我們，看起來就越大，它們以螺旋狀的方式降下，然後我感覺自己像是被吸了上去，我沒有其他的字可以形容，就好像這個螺旋有一小部分抓著你的腳，然後把你往上拉。」令人訝異的是，她並不覺得害怕；雖然這件事情很不尋常，但她知道她不會被傷害。

她後來發現自己在太空船上。她走過一個地帶，那裡像是方形跟圓形的融合。現在聽來，我不知道她當時是在形容牆上的設計還是別的，這點並不清楚。她只知道她應該要穿過一道非常明亮的出入口。她看到她的朋友已經被帶到另一個房間。「她坐在那裡，她並不害怕。他們給她看東西，對她來說，就像部電影。彩色的。跟萬花筒不一樣，但是會閃爍發光。」他們給她看的東西混雜了一些資料。有色彩和圖片。訊息就這樣被傳送到潛意識層面。

她被帶到的房間裡有道白光。白光旁邊有個人，可是她說不出是誰或是什麼東西。「有某種形式的東西在那裡，但跟人不一樣。就好像有東西在說話，在我心裡說話。他們在告訴我，我今天晚上不應該在海邊。如果我繼續走的話，他們就沒有辦法保護我。那是他們的入口點之一，一個跨次元的門戶。今晚啟動門戶的能量正在加速。這個加速跟水晶有關。」

就在這時候，那個存在體開始跟我說話，並聲稱他們是來自未來。我當時預期是在跟外星人溝通，因為這對我來說已經是種常態。當我詢問時光旅行的難度時，他笑得很大聲，然後說這事實上很容易。許多來自其他次元的人會使用這些通道往返，但對人類來說，當通道被使用的時候，閒晃進入那個地帶會非常危險。這是為什麼這兩位女子會回到她們旅館房間的原因。她們是被強行帶離那個地區，為的是她們的安全。

這麼說來，許多次當有人看到天空上的光點，而且體驗到時間消失時，他們往往會假設是跟外星接觸有關，然而事實上可能完全不是那麼回事。那有可能是被未來的時光旅行者介入的事件，因為這兩種現象非常類似。

這個章節的另一部分會解釋意外接觸或是未受保護就接觸時間門戶對人類的危險性，它甚至會造成接觸者核心基質的瓦解，因此，使用這些門戶的未來人會設法確定不會有人類因為意外或突然出現在這些門戶附近而受到傷害。

時光旅行者給我的許多資料在這個時候都不能揭露。我被告知，我是因為工作所需知道，這樣我才能了解透過個案傳遞的類似資訊，但我不能去講述或出版這些內容。我在多年前便已學到要遵照指示。我曾經有過錄音帶神秘消失八年的事件（錄音帶再度出現是因為出版那些資料的時間已到）。我在《監護人》裡提過此事。因此當他們建議我保留大部分資料不對外透露，我會聽從他們的建議。我只會使用跟其他個案提供的資料有相關的部分。

他們說許多時間門戶位於地底下，這樣它們就可受到控制。如果是位於地面上，它們會變大、會擴展；在地底下被天然礦石的結構環繞或是在石牆裡較為理想。他們說，如果時間門戶被啟動，看起來會像是一個球狀物的隧道。我想法裡的球狀物是像個圓形或是球體。

這個個案努力形容她看到的畫面。「我看到兩個。一個是亮的，一個是暗色的，然後有很多斷裂的白線在裡面。這兩個是連結的。一定要有這兩個一起才能使用門戶。看起來像是你啟動它們後，中間就會產生那個球狀物。它不是個球，它是能量。它甚至不是一個地方。你可以想像一個像是洞穴的入口，一個你將要通過的地方。那個圓形的東西會發光，會移動。我看到兩個渦旋。一個是暗色的，一個是亮的。它們相會時，就會產生時間門戶。這個球狀物跟另一個在不同次元的球狀物是同時存在的，它們是相連的。」

這個存在體告訴我，許多這樣的門戶在世界各地都有，但我覺得適合寫出來的是在埃及的這一個。可能是因為我發現有許多不尋常的事都在它周遭發生，再多一件奇怪的事情也不會那麼不尋常。

這個門戶是在金字塔的下方，曾被當作主要的守護處。這個地方在過去被具有次元旅行知識的人使用。它也被來自未來的時光旅行者使用，因為在我們的時代過後，它被重新發現。那是通往另一個次元的門戶。他們在這個波動起伏的球體隧道裡面的白線上旅行。

他們不想其他人發現並使用這些門戶，因為如果錯誤使用會非常危險。這個科技非常複雜。對別人就像是小孩玩火一樣。它的使用跟訪客所來自的時間架構有重要關係，他們知道怎麼使用才不會對自己造成危險。

較高次元的人並不使用這些門戶，因為他們以很不同的方式旅行。當我被這麼告知時，我認為他們可能是透過提升和降低他們身體的振動，這是外星人在不同次元間旅行的一個方式——透過改變他們太空船的振動，因此這有可能是他們所指的方法。有不少人可以感覺或感應到渦旋，或甚至能夠看到，但他們並無法進入或是去影響它。這位個案說：「宇宙最終會照顧自己」。

在廣受歡迎的電視影集《星艦迷航記》（**Star Trek**）裡，個體的分子分解，然後重新在另一處組合的概念，想必大家都不陌生。

費城實驗

透過時間門戶進入過去和未來的想法，提醒了我費城實驗的神秘案例。費城實驗據說是我們的政府在第二次世界大戰期間所進行的實驗。他們一直否認有這件事，然而流傳的說法卻堅持他們造了一艘船，船上的人員從一處消失，然後在另一處出現。這雖然是一個秘密計畫，但我懷疑他們否認的原因之一是因為實驗的悲劇性失敗。有些人員在要重新進入時消失不見了，有些則是一半身體被困在金屬船裡，一半身體在船外。

我想看看這位個案知不知道這件事，能否確認或是否認。他似乎是詢問這個事件的理想人選。

S：這是使用其中的一個時間門戶，在這個實驗中使用的渦旋現在仍是開啓的。這是為什麼他們能夠使用它來做時光旅行。外星人給他們科技來進行費城實驗。

朵：但沒有成功，不是嗎？

S：事實上是成功的，可是他們不知道要怎麼去控制。這是為什麼他們必須停止繼續，他們沒有規劃到兩個渦旋是連接的，他們以為那個船會通過一個渦旋，然後再由一開始的地方回來。兩個渦旋事實上是連接的，而船從另一個渦旋出來。

朵：我聽說船上的人在身體和心理上都受到影響。為什麼會這樣？

S：因為當超空間跳躍（hyperspace jump）發生，他們進入了不同次元的某處。當發生時，他們失去形體。他們消失了。因此在（操作）跳躍回來時，不幸的是，當形體回來，有些人就被困住了。

朵：那個船維持實體嗎？還是也解體了？

S：那個船在分子上也解體了。

朵：所以當穿越渦旋的時候，一切都解體了，尤其是跟另一個渦旋連結的時候。然後當要被帶回來時，他們並沒有照預期的全都回來。

S：嗯……事實上有。只是回來時，全部都一起回來了。因此從這個點被轉移回來的人就被卡在物質裡。有那麼一個轉移點，可是他們不知道要如何使那個轉移點維持在一開始的時候。

換句話說，他們並不知道要怎麼把人帶回來一開始出發的那個同一個點。經過過多的轉移，人就被困在船的實體物質裡。

朵：你是指轉移的振動速率嗎？

S：還有變回原形。

朵：不是在同樣的速率？

S：是同樣的速率。但在時間上不是同一個點。不是他們離開時的同一個點。這非常關鍵。

朵：所以物質混在一起了。可以這麼說嗎？（是的。）他們也說有些人消失了。

S：他們沒有重新轉變回來。他們迷失在空間裡，沒有生還。

朵：這是最初的實驗之一嗎？

S：不是，不只這一個。這是他們第一次用人做實驗。他們先是用物體實驗，動物和物件。

朵：在費城實驗過後，他們還有繼續實驗嗎？

S：事實上，沒有。在那次嘗試之後，他們就沒有再實驗了，因為他們不知道要怎麼去控制。但他們還是有進行時光隧道的實驗。渦旋。他們沒有再嘗試人跟物體一起。他們獲得更多的科技，因此能夠直接透過時光隧道把人送出去。他們沒有再把人放在任何物體裡。

朵：所以他們避開了物質混合的問題。

S：是的。雖然在進行這樣的實驗時，他們必須確定要把人帶回到同樣的地方——我想是最開始時的前兩分鐘，這樣他們才能重新轉變。他們現在已經做得很不錯了。

★　★　★

另一個個案也提到了來自未來的時光旅行者。這是部分的催眠內容。

琳：琳達也一直與來自未來，來自二十三世紀的人合作。他們知道如何時光旅行。有些特定的時間樞軸點（關鍵時間點）對未來和過去都很重要。他們的動機某程度來說是正確的，雖然他們是比較好的組織……但他們仍是人類，並沒有完全進化到光。他們回來了。他們透過追蹤時間的樞軸點發現了琳達。他們跟琳達也跟其他生活在現在的個體合作，促進一個比他們現在擁有的更好未來。

朵：你是指他們的時代？

琳：是的。試著減低在未來出現的一些問題。

朵：可是這樣不會改變他們的未來嗎？

琳：已經改變了。他們很有知識，這要感謝來自許多資源的教導，使他們看到未來的不同變數。以及如何安全渡過難關。他們非常小心。進行時光旅行的這些人與他們時代的連結並不像其他成員那樣密切。

人們對於時光旅行的疑問之一，就是未來會不會改變到某個程度，以致於他們根本不會出生。他說他們會確定這樣的事不會發生。

朵：這就是我在想的，他們不再存在的說法。

琳：是的。他說他們非常小心，確定不會有那樣的情況發生。我們可以確認的是他們已經改變未來，而且是朝向非常好和正面的方向。

★ ★ ★

我曾經接觸過一位不同型態的時光旅行者，他的情形比較像是平行人生的概念。二○○三年，一位男士從丹佛飛來進行私人催眠。他已經被幾位頗有聲望的催眠師催眠過，但沒有成功。這個情形的發生通常是因為潛意識並不確定是否該釋出資料。潛意識必須對催眠師感到信任與契合。當這位個案的資料浮現時，原因就清楚了，因為那樣的事並不是能跟任何人分享。這樣的資料並不會令我吃驚，因為我已經在這個領域工作非常久了，而且也接觸過類似的案例。

這位個案回到了過去的場景，但他表現得像是個觀察者，一個只是路過的旅客。他說他的工作是到各地收集資料。他是個探索者，他不會在一個地方停留很久。過了一會兒，他說他不想再在過去了，因為很無聊。他真的很想到未來，那是他感到最舒適的地方。那是他的家。他描述一個有幾座大型建築物的城市，大多數是住家，在那裡一切都很完美。沒有擁擠的人群和任何負面的事情。那些負面都已經被除去了。他們在家裡有可以供給一切的機器，他們甚至也不用擔心食物。他的工作是收集資料和教導其他人。那裡有個收集、消化和分享資料的集中地。他必須要從他所在之處旅行到過去的不同時期。針對不同的時期，他會創造出自動符合那個時期的身體，因此他不會被注意到。然後他會將所收集到或觀察到的資料帶回來。這些到不同年代的旅行似乎都是同時發生，他輕而易舉就能做到。

他在現在這一世的工作是盡可能地學習並獲得他所能得到的資料，這些資料顯然是被另一部分的他帶回集中知識和教育的地區。他很想念這個在未來的家，因為很不一樣，而且很完美，跟現在這個時期非常不同。

他這一世對他的父母從來沒有親近的感覺，好似他不是他們的小孩。我聽這樣的說法很多次了；覺得自己不屬於地球，地球不是真正的家。而這個不尋常的回溯也有助解釋這樣的感受，因為這是時光旅人的案例，一個在收集資訊的觀察者。有些人可能會稱他為變形者。如果他是的話，那他是不能干預地球的一般觀察者。而且他也從未結婚，沒有小孩。這個類型並不想要有任何牽絆，因為會製造業力與地球的繫絆（而且顯然是跟現在這個時期），他們必須要能夠收集資料，做他們的工作，然後回到他們真正的家。

★★★

在另一次的私人療程，有位男士回到似乎是在埃及的過去世，但我認為那是一個比埃及還要古老得多的文明（也可能是在另一個星球的一世），那裡的人有張看起來像狗的臉，瘦長的身形（可能是面具）。他做了被禁止的事（可能是錯用或濫用能量），因此被處罰。他們送他通過一個時間門戶，看起來像是一個很大的黑暗空間的入口，那是單向的門戶。他沒有辦法透過那個門戶回來。他發現自己到了一個荒蕪、沒有生命的永恆暮光的星球。那個星球有些奇怪的建築物（多層金字塔形狀），但都空無一人。他並不需要吃任何食物。他在那裡度過他的餘生，寂寞和孤立。他的心慢慢接受了這樣的隔離。不用說，他很開心終於能夠離開那一世——死亡成了離開監獄的完美卻又可怕的方式。

我從工作中發現，有些亞特蘭提斯的科學家有能力穿越蟲洞或時間門戶，進入太空到另外的世界。由於這一路上會有許多通道或出口，為了能回到實驗室，他們必須要在兩邊的出口做記號。他們有一個具有進行這類旅行能力的戒指。

★　★　★

有位我稱為瑪麗的女子寫信給我，她希望我下次到澳洲時能夠到某個小鎮。她在看了我的多本著作後，知道我在飛碟方面的研究和興趣。她說這個有大約兩千人口的小鎮似乎是幽浮的通道。

好幾年以來，那裡一直有持續的目擊飛碟事件，還有不尋常的光和物體在天空出現。我同意不透露這個小鎮的地點和名字，因為我不想那些好奇的尋找者打擾那些和善人們的生活。

瑪麗也希望我能夠去她位於小鎮外，佔地一千英畝的牧場。她想讓我知道次元門戶的地點。於是我在二〇〇一年前往澳洲參加會議並在幾個城市演說和講課的期間，安排了與她碰面。

我們坐小飛機飛到最近的機場，然後開了一個小時的車到達那個小鎮。那個小鎮很偏僻，座落在綿延的山丘和樹林之間，有許多色彩鮮艷的野鸚鵡飛來飛去。

當我們到達鎮上，感覺就像是回到了一八八〇年代的西部。我們在背包客的旅店住了兩個晚上，講座是在一個會讓你想起懷舊電影的老店裡進行。

鎮上的人陸續抵達，這位女子很好客地準備了食物帶來。那天很冷，我坐在老式燒材的火爐旁取暖。他們向我介紹在場的一位九十歲婦人。她是那裡的官方歷史學家和檔案保管人，詳細記載了多年來發生的多起目擊幽浮和不尋常的事件。那個晚上相當精采，大家終於不怎麼情願地告訴我他們觀察到的事件。我說不怎麼情願，因為他們並不想被取笑。好幾個人證實了時間門戶位於瑪麗的土地的說法，而那個不尋常的事件發生在一九九七年。

到了晚上，很容易就會明白為什麼那裡會有那麼多的目擊幽浮事件。這個地方非常的偏僻，由於沒有任何的城市燈光，因此天空非常清澈。滿天的星星又大又亮，看得非常清楚。有件事情倒是讓我訝異，我發現獵戶星團上下顛倒。由於我是在世界另一邊的南半球，我想這是正常的。

當這本書要進入最後階段時，我打電話給瑪麗，要求她把她對那個奇怪事件的敍述寄給我。我並不想依賴我的記憶力，我想要盡可能的正確。瑪麗說沒有問題，因為在事情發生後，她就已經把整個事件寫了下來。

★ ★ ★

接下來就是瑪麗的敍述。我認為這是現今廣被使用的次元門戶。

「水滴」光爆——一九九七年六或七月。

我們有一個美麗的五十公尺高的瀑布，我們把它命名為「水滴」。它離我的房子大約步行一、兩分鐘就到了。那時已經連續下了好幾天的雨，瀑布的水勢很大。那天大約下午五點前，雨勢轉小，然後開始有些霧氣。我聽到小溪下方那邊傳來很大的隆隆聲，我想我應該要去看看到底什麼東西滾落到水裡。我以為可能是一塊大石頭，也或許是棵被連根拔起的樹快要被沖到瀑布那兒。那個聲音不像閃電，是從小溪下方發出，不是來自天上。

就在我走到半路，已經可以看到瀑布映入眼簾時，我聽到一個特別大的聲響，然後從瀑布的下方迸發出金色、粉紅色和白色的光，光芒四射並往上到了天空，幾乎要觸及還在七十五到一百公尺外的我。就在這個時候，我聽到有個聲音從我的頭的左邊裡面說：「回去！不要再接近了，現在就回去！」我說：「好，好，我現在就走！」然後轉身很快地走回屋子裡。空氣中似乎充滿了電和雜音。那個光爆是我至今所見最令人不可思議的景象。它很美，有柔和的粉紅，以及非常明亮的金和白光。整個景象大概涵蓋了周邊直徑一百公尺的距離，或許更遠，幾乎到達我人當時的地方。我並不知道那個光爆有多高，我沒能看得清楚，因為薄霧也隨著光爆而改變了顏色。

那個隆隆聲和爆炸非常大聲和驚人，我知道我經驗到的是非常特別的情景。我打電話給在鎮上的先生，告訴他剛發生的事，但是我們只講上很短的時間，因為線路有很大的雜音和靜電。

當晚，一位住在山谷南方的朋友打電話給我。她說在大概五點左右，她從家裡的窗戶往我這邊看，看到非常漂亮的粉紅和金色的雲覆蓋在我這個方向的山丘。她描述那個景象就像是聖經所描述會有天使出現的雲朵。然後她聽到很大的隆隆聲和巨響，接著一柱金色／粉紅色的光射到地面。「可是看起來並不像是閃電。非常奇特。很怪異。」

隔天，另一位住在我們山谷右邊的友人說：「瑪麗，你在你那邊做什麼啊？」接著就開始描述她看到的金色和粉紅色的美麗雲彩，她形容那個爆炸不像閃電。她說那跟她曾經見過的暴風雲很不一樣。

兩天之後，我上床睡覺時還在納悶我看到的是什麼。我決定向耶穌祈禱，請問祂是否可能讓我了解到底發生了什麼事。我的心裡立刻浮現《以諾之鑰》（**The Keys of Enoch**）這本書，然後我聽到有個聲音說：「第二百二十一頁。」我震驚地躺在床上，那個聲音又說：「你真的是個懷疑論者耶。瑪麗，第二二一頁。」於是，我當然就立刻起床並且查閱第二百二十一頁。部分的內容如下：「於是，光的梅爾卡巴載具降落在我們的星球，一個光的場域被開啟。當空間—時間的磁場重疊被控制，全光的存在體降落。」

「這些全光的存在體透過人造的時間扭曲區（**time wrap zones**，也稱時間隧道）下來，降落在地球的表面。這就是古代的人看到往上的雲柱在他們眼前的景象。」

看到如此美麗畫面的經驗，再加上被溫和提醒我是個懷疑論者，已經完全改變了我看事情的方式。我現在不再心存懷疑，我只希望我能夠了解更多！

這就是我對事件的敍述，朵洛莉絲。我希望我敍述得非常清楚。很遺憾，我無法傳遞當時實際體驗到的情緒給你。我相信你一定會很有感覺。

◎ ◎ ◎

當我去拜訪瑪麗那遺世獨立又美麗的家時，她帶我去了事件發生的地點。當然，我當時看不到任何時間門戶的跡象。我看到的就是一個非常美麗的山邊瀑布，瀑布通向下方的峽谷。然而這符合通往另一個次元入口的描述。看守者那天確實盡到了職責，沒讓敢於冒險而沒有警覺的人類離得太近。就如他們所說，那個能量會摧毀人類的基質。瑪麗毫無疑問地知道有件怪異且宏偉的事件發生了，但我很高興她得到了住在山谷另一邊的友人的證實。

★ ★ ★

我上電台節目時，通常都會收到來自聽眾的信件（郵寄信件和電子信件都有）。尤其是我上 Art Bell 節目時，那個節目有上百萬的聽眾，我們一天之內就會收到數百封信件。許多人都想告訴我他們的個人故事。這些故事他們無法和別人分享，因為他們害怕別人以為他們瘋了。當他們發現我已經聽過許多相同的故事，這讓他們感覺好上許多，因為我有足夠的了解能向他們解釋是什麼情形。至少他們知道他們不是唯一有這些奇怪經驗的人。而對於某些個案，除了他們很可能在我們周圍的許多次元之間往返，我並沒有任何合理的解釋。這部分在《迴旋宇宙1》有較完整的說明。

有位男子說他有天晚上開車在佛羅里達州的濱海公路上。這條公路很久前就已改道並繞過所有的小鎮。然而當晚，當他開在同樣的公路，他卻突然發現自己穿過一個小鎮。他可以看到房子外的燈光和已經打烊的店面。一切都顯得空蕩和冷清，就像小鎮的平日晚上一般自然。大約過了五分鐘，當他突然發現這條公路又再次變寬，接著他便開回到沿岸的州際公路。我唯一的解釋是他在那個短暫的時間裡，滑進了過去的時空，進入了另一個次元，而在那個次元，舊時穿越小鎮的那條路仍然存在。

★　★　★

接下來的故事我是直接取自二〇〇一年一月收到的一封電子信件。如果任何人有解釋，我希望他們能跟我聯繫。

「我有時會收聽你在AM頻道Coast to Coast的節目，我覺得非常有趣，這是為什麼我想跟你聯繫。在去年（二〇〇〇年）的九月大概有兩或三天，我經驗到非常奇怪的事。事情是這樣開始的。我當時正走路經過我居住地區的機場附近。那是在白天，我看到客機從機場起飛。幾分鐘後，有一架里爾噴射機（小型商務噴射機）起飛。當它離開跑道向天空爬升的時候，我看到它倒退飛又往前飛，這樣來回了好幾次。我震驚地呆站在那兒，因為我知道不可能有飛機可以倒飛。幾分鐘之後，另一架噴射機起飛，也是同樣的動作。難道說，是同一架飛機？我接著注意到路上的車子也都是這樣，它們並不是直直往前開，而是會倒退前進，倒退再前進。我注意到天空的雲朵也是這樣，前進倒退，前進倒退。到了晚上，我外出散步，經過一些打烊的商店，但我看到裡面的人並不屬於這個年代，他們穿著五十到六十年前的衣服。我還看到了其他很不尋常，我認為不可能的景象。你知道是怎麼回事嗎？我是個懷疑論者，我不相信我看到的景象是真的。」

我的回覆是：「謝謝你跟我分享這個非常有趣的經驗。雖然你很懷疑，但也不能否認自己雙眼看到的事情。我還沒有聽過同樣的現象，但我可以試著以我曾經收到，還有我曾經寫過的資料來做猜測。這個世界有許多奇怪的事情超乎任何人所能想像，我知道自己還沒有探究完全。聽起來你很可能要進入了一個時間隧道，一種時間扭曲，但並沒有完全進入。人們通常會在次元間來來回回卻不知道，因為周邊的景物看起來非常類似。由於事物是在前後移動，也許在次元間的那條界線並不穩定。我聽過有些人突然發現自己在另一個時代，跟完全不同穿著的人在互動之類的事。通常，他們會回去試著找同樣的地方，但會發現那個地方如果不是不存在，就是在一個頹敗的狀態。

我發現奇怪的是，在另一個時代的人並沒有注意到任何不尋常，好似沒發現跟他們互動的這個未來人有任何奇怪的地方。他們就像在過著他們的正常生活。我不知道我說的這些對你有沒有幫助，不過這是我所能回答的了。也許你是在次元間來回，可是次元狀態並不穩定。要不然，你會到了另一個次元而不會知道有任何不同。也曾經有人告訴我，他們有過同時在兩個地方的經驗。這個說法被其他看到他們並跟他們說話的人證實。所以誰知道呢？有時候如果不知道這些奇怪的時間隧道會常態性的發生或許比較好。我們小小的凡人腦袋也會少些困惑。」

★ ★ ★

接下來這一封電子信件更奇怪了。在這個案例裡，有證據證明某件不尋常的事確實發生了。

「我很幸運前些晚上能夠聽到你在Coast to Coast節目的精彩談話，但有件事讓我們三位聽眾都非常疑惑。這是為什麼我寫這封信給你。我會儘量簡短說明。我們三個人都有Reel Talk牌子，具有預錄功能的收錄音機。我們有這個設備完全是為了Coasr to Coast這個節目，因為我們無法熬到午夜收聽（這個節目通常是從半夜十二點到凌晨四點）。我們三個人會把收錄音機設定在同樣的電台，電台位於田納西州的納許維爾（Nashville）。這是我們能收聽這個節目的唯一電台。我們彼此住的地方有些距離，離納許維爾也不近，但WWTN是十萬瓦特的電台。令我失望的是，當我隔天早上要回放你的節目錄音帶時，播放的卻是整整四個小時的體育新聞。我一位朋友的錄音帶上也是同樣情形。我打到電台詢問時，他們告訴我，他們不會再廣播這個節目了。他們將要改變型態，雖然有很多人抗議。

現在，這個大謎題便是：我們三個人中的另外一位，她的錄音帶有你完整的訪談。我們絕對知道我們錄的是同樣的電台和同樣的時間。我們都在收聽同一個電台卻接收到不同的廣播。我跟幾位有無線電波傳輸這方面工作經驗的人談過（曾經在政府部門相關領域工作），他們都說不可能有這樣的事情發生。感謝老天，還好發生了，因為我們三個人都好想聽你在節目裡說些什麼。我的問題是，你對這個事件有任何的解釋嗎？我能夠想到的是，或許這跟平行宇宙的現象有關。這是我唯一能想得出的可能。我會很感謝你對這件事情所提供的任何洞見。另外，為了某些原因，WWTN又開始播放Coast to Coast節目了。我們真的非常開心和感謝。這個節目是我們跟宇宙的聯繫。」

以下是我的部分回覆：「我在催眠的時候，我的錄音機也曾經發生過非常奇怪的事情。雜音、奇怪的噪音、無端端地加速、減速、聲音重疊，還有許多不應該發生在電器的事。很多時候現場並不只一台錄音機，但所有的錄音機都會受到影響。我也有過很奇怪的電話經驗，但這是第一次我聽說像你這樣的事。你可能是對的，這跟次元有關。這是最好的答案了。播放運動賽事的電台存在於平行的實相。我很高興這件事有三位當事人；我想這就是個很好的證明。」

幾個禮拜之後，我在孟斐斯市（Memphis）的聯合教會演說。我很訝異的發現那三位女聽眾從納許維爾開車來看我。她們主要是要向我證實那件事確有其事，而且她們有錄音帶為證。她們是三位再正常不過的女子，我相信她們說的是事實。再次地，如果任何人有任何其他的解釋，我很希望能聽聽你們的想法。

★ ★ ★

在《耶穌與艾賽尼教派》這本書裡，耶穌給了輪迴和不同次元的例子。他用自然界的事物來比喻，這樣人們才更容易瞭解。

「他使用另一個植物作為例子，這個植物由很多層組成（跟洋蔥很類似）。他說這就像是存在的不同層面。他指出，在這個植物的最核心，每層都非常薄，而且緊密地貼在一起。如果你們能夠把每一層想成是不同的層面，你們就能看到在那個中心最小最受限的地方就像是這個實體世界。隨著一個人在這些層面往上和外旅行，他的眼界和理解力每一次都會擴展，他將會看到並了解更多。」

我好奇耶穌用這個比喻（或例子）來說明的對象，是否了解他試圖傳遞的更深層意義。也許這對那些門徒來說也太過複雜。無論如何，這顯示了耶穌非常清楚的覺知到生命和宇宙的更深奧意義。

★ ★ ★

我在催眠時還發生過一些跟時間和次元有關的奇怪事件，這些例子也都放在這本書裡。

第七篇

能量體與創造體

第二十二章　神祕謎團

本篇的第一部分是《迴旋宇宙1》裡「地球謎團」的後續。當時有一些事情我想等有更清楚的瞭解後再放進書裡。以下就是一九九〇末期所累積的資料，其中有部分來自我在好幾本著作裡提到的年輕人菲爾。菲爾能夠進入相當深的出神狀態，並且關掉意識心，因此意識不會干擾接收到的答案。每次催眠菲爾，我總是能夠得到嶄新且不尋常的寶貴資訊。

我們的太陽系

朵：你有一次告訴我，在現在這個時候，我們太陽系裡的其他星球並沒有我們所知的生命。

菲爾：沒錯。沒有人類生命，不是沒有生命。這是因為其他星球現在的大氣性質無法支持地球上所知的人類生命。然而，這不代表沒有其他形式的生命，比如說像靈的形式，或是更先進，或其他的肉體形態。

朵：我被告知火星上一度有過生命。那裡曾有類人類生命的文明。是真的嗎？

菲：那是事實，你們的星球很快就會知道。你們透過對流星的顯微檢驗，曾試驗性地提出這個觀點。這是意識上的巨大改變，必須微妙地一點點灌輸到你們的文明。他們事實上是你們的文明和你們所知的地球生命的祖先（ancestors，也可譯為原種或物種原型）。當時，兩個行星同時出現生命形態。然而，火星的姊妹星球，地球，在生態和地質上與火星的路線很不相同，相較下，火星很穩定，繁衍生命的時期也長。火星穩定下來後，比地球更快成為一個可以居住的地方。於是播種過程在火星比在地球更早也更快地展開。

在地球播種第一批生命形式的故事請參見《地球守護者》和後續的《監護人》。書裡的內容指出，地球並非太陽系裡唯一被播種的星球，只是在時間的長河中，一定發生了某些事而導致其他星球再次是無生命的狀態。

朵：是什麼摧毀了火星上的生命？

菲：當時對於誰該掌控世界政府有很多雜音，而且他們具有許多不同類型的科技能夠操縱氣候。他們開始對目標有些分歧，導致原本的氣候體系被破壞。就像你們現在在地球所表現出的能力一樣，如果有機會的話，這些能力會使你們摧毀自己的星球。

朵：我也曾被告知火星上現在仍有遺留下來的生命。

菲：在那個星球的深處，有些生命元素成功地維持了它們的生命形式。然而，你們不會稱它們是「人類」或類人動物。它們和你們這個星球上的生物演化路徑不同，跟你們的不一樣。

朵：我被告知火星的地表下有城市。當地表變得無法居住，有些居民便往地下發展。

菲：那類似生物群落的概念，不過我們不是用你們對城市的瞭解來描述或定義城市。技術上來說，那樣的社會結構比較像是白蟻群。那些生命居住在天然形成，以及在那個星球內部製造的構造物。

朵：我也被告知，當科學家終於登上火星後，他們不會知道那裡仍然有生命。他們辨識不出來。

菲：當科學家真的上到火星，除了察覺地底的生命外，他們還會察覺到許多的生命形態。到了那個時候，他們的覺察已有所提升，火星上的生命形式會被他們視為是另一種生命形式。

朵：我們現在來談談太陽系的另一部分。我對木星很感興趣。木星上的「紅斑」現象是怎麼回事？我們用望遠鏡就能看到。

菲：你們的星球描述為「紅斑」的現象可被稱為氣象擾動（weather disturbance）。你們在你們存在的世界所看到的由氣體組成的颶風，這是一種氣候現象。然而，那個現象在更高層面的實相有它的核心本質。那個更高的表現形式是指，那個區域有著許多不同——形態相似但各自獨立的有意識的實體。那是座城市，是生命較高層面的表現形式，它的較低組成部分在你們的層面表現為大氣擾動（atmospheric disturbance）。

朵：如果那是一種大氣擾動或颶風，就我們所知，它一直都存在，而且似乎沒有改變多少，規模也很巨大。

菲：這個宇宙有很多人類意識所覺察不到的生命表現形式。為了讓你們能夠理解，可以把它比擬為一種生物群聚，它們較低的表現形式觸及了你們的覺察層面，它較低形式的表現，也就是覆蓋在其上的大氣狀況是可見的。有許多不同的覺察層級在其他層面並沒有相應的影響或作用，然而，在這個例子中，在較低的表現層面產生了一個效應。這個在較高存在層面的文明群落，在你們的層面上所留下的蹤跡就是大氣擾動。

朵：我想你的意思是，在另一個實相，那是木星上的一個實體城市裡的一群人所投射的影子，在我們的星球看來就像是種大氣現象？這會是個好比喻嗎？

菲：我們會補強這個概念，因為我們不把它看成是你們語彙裡的城市，而是比較近似病毒或細菌的菌落，它們共存和生活在它們的層面。無論如何，我們不會用你們概念中的科技文明去形容或描述它。

朵：那麼它並不會是我們所認為的有智能的生物。

菲：事實上不是這樣。它們有高度的智力，只是以不同的形式生活。它們的生命表現不包括建設和技術面。它們是高度進化和文明的生命，不過不是技術性的。

朵：有人曾告訴我，木星與地球層面的關聯非常重要。你有這方面的資料嗎？

菲：在你們的太陽系中有許多不同等級的相互依賴，整個物質平衡有賴於個別元素維繫它的均衡。單就物質層面而言，突然失去任何一個星球都會讓整個太陽系的引力失去平衡。當然，還有其他的意識層級，而改變或是失去這樣的一個星球自然會對其他層面造成影響。

朵：這就是外星人跟我們說的有關地球的事。他們說我們絕不能把地球炸毀，因為這會造成宇宙和其他次元的大混亂。

菲：沒錯。

朵：我聽說其他在觀察我們的存在體不會坐視這件事發生，純粹是因為這會讓銀河失去平衡。

菲：沒錯，因為居住在其他存在層面的個體有保護自身文明和生命形態不受侵擾的權利。這就如同一個無知的文化沒有宣告一聲，就無聲無息地對看不到的一方開戰。

朵：他們比我們更清楚狀況。

菲：沒錯，所以他們有權保護他們的文明，不受一個多少有些任性、不守規矩的鄰居的無知破壞。

朵：你知道小行星帶怎麼來的嗎？

菲：有個行星因為一顆經過的恆星造成行星與進入行星路徑的流星碰撞。這個碰撞導致了那個行星碎裂，加上行星本身、太陽與其他行星各自的內部力量，那個星球被拉扯到失去完整的形狀，變成散布在它原先軌道上的眾多小行星。

朵：但我也聽說可能有個種族的人住在那個行星，是他們使自己的星球爆炸的。

菲：這個不正確。碰撞是自然現象，不是被任何特定種族的人胡搞出來的。這也是對資訊錯誤解讀而造成不實故事流傳的例子。不過這不是蓄意的編造或說個小謊，純粹是錯誤的闡釋或曲解了原意。那些管道不是絕對的關鍵因素，就如這個載具不是一樣。那些傳訊管道有可能不正確。因此，對於這個事實你們應該對所有的傳訊管道抱持開放態度看待。因為傳訊內容的正確度要視載具實際上所能解譯的程度而定，要傳達出百分之百的正確性幾乎不可能。這是因為有些概念和思想是載具這輩子從未接觸過的，或甚至是（地球）這個層面不曾有過的。此外，你問的問題有些會需要用到不存在於地球的概念，因此類比是必須的，而它又可能不是完全正確。無論如何，資訊的要點是可以被轉譯出來。

朵：我瞭解透過人類傳遞的任何資訊必然會有這樣的問題。

菲：這純粹是因為種種因素而無法轉譯。一如我們先前說過的，有些事情缺乏可以比較的概念。

★　★　★

太陽

朵：太陽真的很熱嗎？

菲：確實是熱的。無論如何，我們覺得這是來自你們的物質觀點的誤解。熱度似乎是你們的注意力焦點，但它頂多是伴隨而來的性質。太陽真正的能量不是熱，而是遠超過人類在此時所能理解的特性。熱度只是表現於外的現象，它比單純的燃燒複雜得多。那是能量的轉變，而在物質面向就是你們所謂的火焰或燃燒。熱是副產品。能量的轉移和改變才是真正的實相，而往下在物質層面表現出的則是熱和燃燒。

朵：我們看不到的射線和散發的是紫外線。你是指這樣的東西嗎？

菲：那不僅是你們認為的射線，而是能量的基本形式，是能量本身的基本變化。

★　★　★

太陽，一如我們對它的認知，是一個氣體星球。但我的一位個案說，在氣體地帶（gas belts）下面，其實有一個從表面上看不到的**文明**。

朵：地球上的人看不到，是嗎？

包伯：對，看不到。他們完全不知道。他們就像所有人一樣假設那是個實體的氣態球體。

但所有發生在氣帶外的爆炸事實上都發生在氣帶**之內**。而太陽的中心部分就像地球，有農場，有房舍，有人。那裡有文明。只是這些全都被包覆在能量帶下方。

朵：所以它的表面並不熱？

包：噢，不熱！不熱！不熱！那是太陽有趣的地方之一。

朵：我們以為它熱到生命會無法生存。

包：你們是會那麼想，但那些都是在上面的較高能量，在所謂的「大氣」之上，類似地球周圍的范艾倫（輻射）帶（Van Allen belt）。我們一直都在來來回回，進進出出。那是個非常美好的文明。

關於太陽的實際性質，本章後面還有更多令人驚訝的揭露。

★　★　★

朵：有些人相信這個世界是在所謂的大爆炸理論創造出來的。這是真的嗎？

菲爾：如果你當時是在肉身的形式，自然會認為那是你們所謂的大爆炸。（我笑了）當然，大爆炸理論是科學家的比喻，用來描述向外而非向內的爆炸。當宇宙，或者，更正確地說，當宇宙法則制定時，向外移動的力量被創造，因此就這方面而言，要說大爆炸理論象徵你們宇宙的實體或物質法則設立的時間點並沒有錯。

朵：有個理論說，當這些世界的外推力到了某特定的點時，就會開始回頭，再度聚合。這是真的嗎？

菲：這是正確的。所有向外動作停止的那一個點被稱作「平衡」(equilibrium，也可譯爲均衡、均勢)，而在那個轉折點內，宇宙法則將會發生變化，並與現在的情形截然相反。正的會變成負的，負的會變為正的。宇宙會再次消退回空無。無垠。混沌。這時創世過程就會重來一次。

朵：它會重新來過一次。也就是宇宙崩塌後，它會再次向外爆炸。

菲：沒錯。

朵：像這樣的事情多久會發生一次？

菲：可以這麼說，當發生的時候，你們也已是另一種生命形式了。

朵：(笑)所以我們不必擔心。

由這個概念可以看出，輪迴或週期循環的法則，適用於小宇宙到大宇宙的一切。沒有任何事物逃得過這個循環。

當宇宙抵達擴張的終點，它會反轉向內爆炸，回到源頭並再度往外爆炸。那時是否就是我們全體都帶著累積的知識回家與造物主團聚的時候呢？

朵：有一派思想認為，這個世界在五千年內若不是往內收縮，就是會被摧毀。而在同時，會有另一個星球準備供此刻住在地球，但已提升了振動或對靈性有更多瞭解的生命使用。這個理論是對的嗎？

菲：你們先後順序的時間架構可能多少有錯，不過，這個概念本身倒是很有根據，甚至那些選擇要移居的人已經開始移居了，而且不只是你談到的那個星球，還有其他地方。確實有個接續地球的星球還在發展初期，也因此尚未達到適合讓生命形式居住的階段，以你們現在對它的瞭解是還不到，但應該很快就可以。那會是**你們的**生命形式。此時駐居在地球的能量將集體一起轉移到那個目前正在準備的星球。到時，你們的生命形式將演進到與現在多少不同的層級。試著現在將生命形式移居到那個星球並不適合也過早。現階段兩者都還沒有準備好。在生命形式和星球能夠彼此相容以前，還需要經過一段時間。事情將會在最適當的時間發生，這是當然的。

這個答案最初是在一九九〇年代出現，但在最近幾年時不時會在我為個案催眠時一再出現。我在本書最後將進一步說明為了轉移到另一個層級而改變身體的概念。此外，我接收到的資料顯示，有一個類似地球的實體星球正在為任何地球的災難倖存者做準備。人類絕對不能滅亡的訊息一再被強調。就算不得不採用激烈的方式，也一定要有人存活下來。《地球守護者》有提到這個第二個地球的故事。

許多人一直對大金字塔裡那些小到似乎沒有用處卻朝向天空的豎井通道有很多疑問。它們跟金字塔有關的一切事物一樣，也披著一層神秘的外衣。

★ ★ ★

朵：金字塔裡面的那些豎井通道的用途是什麼？

卡洛：金字塔裡的豎井通道是為了讓那些祭司和法老的靈魂能夠回到他們原本的星系，不被束縛在這個特定星球的層次或光裡。在最早的時候，他們是以肉體形態出現，而當不再需要以實體顯現時，靈魂會穿越這些通道，使用你們會稱之的「星門」（說到這個字的時候帶有疑問，不確定是否為適當的字）。使用國王墓室裡的科技裝置。

朵：在國王墓室裡有科技裝置？

卡：在你們所稱的國王墓室裡。他們使用那些裝置讓靈魂回到原本的星系。

《地球守護者》和《監護人》都提到外星人常在文明形成的早期來到地球，和發展中的人類一起生活，幫助人類，提供所需的知識和指導。這些存在體的壽命非常長，因此後來人類往往將他們當成神祇般地尊敬和對待。這顯示最初的幾位法老很可能就是這類的存在體。（請參考《迴旋宇宙2上》第四章〈女神愛西斯〉）

這讓我想起有個案曾提過，有些外星人在死後靈魂依舊困在我們的世界，他們顯然是因為造了業，甚至在死後也無法回到原來的家。在這些情況，連母星的人也不知道他們還在這裡。也許外星人很清楚這種事偶爾會發生，他們不希望像法老之類在地球上住了很久的訪客也被困在地球。

另一個謎是獅身人面像底下的隱蔽隔間和它們的所在位置。

朵：據說獅身人面像底下有房間被封了起來。為什麼要這麼做？

卡：來自外星的存在體被推翻了。

這告訴了我們，當時運作金字塔系統的人當中，有些並非人類。也許他們是我在其他書裡提到的顧問，在人類需要時給予人類新的禮物（幫助人類進步），因此來地球和人類一起生活。這也說明了他們何以要用豎井通道使靈魂回到原來的星系。當他們完成工作以後，他們不想被困在地球。

卡：人類想取走他們的力量並占為己有。那些存在體知道會發生這種事，所以密封了所有技術設置和資料，以免在錯誤的時機落入不對的人手中。那些人用那些東西只會摧毀自己。

這聽起來跟《迴旋宇宙序曲》裡面的巴多羅米所提供的資料——人類無知地毀了透過日月星辰產生力量的設備——如出一轍。

朵：所以是外星來的存在體密封了那些房間？不是人類做的？

卡：有些人受到那些存在體的訓練，習得了初步的知識。金字塔是用來傳授知識和訓練之用，現在所知的「高地」就分布著許多古老的神殿（貓人神殿就在同一區。請見《迴旋宇宙2上》第三章），這些神殿都是用來傳授**人類**知識，提高他們的意識和振動。然後人類也就能用適當的方式去使用那些設備和技術，協助整個星系。金字塔是基於網格系統。網格系統非常重要，因為它是地球的主要連接系統。有好幾個系統，網格是其中之一。在每一個主要的地方都有金字塔。金字塔猶如一個指揮，讓宇宙諧波以和聲和振動與其他星球連結，也與色彩、聲頻和渦旋，與行星各處的網格系統共同作用著，以維持這個行星系統的平衡與諧波。

朵：那些人知道如何正確使用那些東西。

卡：他們給指示。他們指導其他人，讓事情各就各位。

朵：所以是因為有別的人要進來，而他們不要那些人把東西拿走，才會密封起來。你說過，對那些不懂使用方式的人來說，那些東西很危險。

這聽起來也和第三章貓人神殿裡的能量很像（請見《迴旋宇宙2上》）。對不曉得因應方式的人來說，那些能量是有危險性的。

卡：其中一個星系介入了。他們依照慣例派遣使者過來，對人類發揮影響力。推翻……人格化，取走腐敗團體的力量。

朵：所以這些人是為了隱藏資料，還有保護人類不要用錯誤的方式使用它們，所以封住房間。

卡：免得人類自取滅亡。

朵：那些資料在哪裡呢？

卡：在獅身人面像底下的交錯房間裡。每個房間都連接著小地道，而且被能量和頻率守護著。

這聽起來也像是巴多羅米提到的內容。當時的人們以為，只要把秘密的能量裝置據為己有，他們就有了力量，而不需要外星人或祭司了。巴多羅米提到，那些人毀了設備，也害死了自己。顯然地，為了防止這樣的事情再度上演，最後一個控制獅身人面像的團體決定把設備封在裡面。那些東西從此埋在地下至今。

在《與諾斯特拉達穆斯對話：卷三》中，諾斯特拉達穆斯也提到，安置能量，是為了只讓振動正確的人可以接近通往隱藏地道和房間的秘密入口。試圖進入者的振動如果不對或是負面，便會死去。那是早在數千年前就已設置的、精心製作的保護系統。

請參考《迴旋宇宙2上》第六章，內容有提到用符號使隱藏的資訊顯現。

★　★　★

我雖然不是占星家，但對占星學一直很有興趣。占星學是怎麼開始的？人類似乎從最初就對研究星辰著迷。我是在一次例行的回溯催眠時，因為個案回到她在古巴比倫身為祭司的前世，才意外找到答案。世人公認占星學起源自巴比倫。諾斯特拉達穆斯也說他有一本始自古埃及和巴比倫時代的星曆，這一點我已寫在和他有關的書裡。

這位女性個案在那世是一個位在偏遠地區，與神祕宗教或神秘學校有關的男性祭司。他的美麗神殿位於俯瞰城市的小山丘上。據他描述，他們那個小團體對星星的研究早在他之前即已存在。他說他們那個團體從成立以來便一直在描繪星星的移動方位。這是他們最主要的目標，其他團體則從事醫療和預言。那座神殿的中央是開放式的（沒有屋頂），四邊有巨大的柱子。他說祭司會坐在神殿中央的一個指定位置，把在柱子間開闊天空中移動的星星位置畫下來。柱子給了他們一個參考點，那是測量移動的星球和靜止不動的星球的好方法，他們也能藉此判斷地球的轉動。這麼做了數百年後，他們已經建立起非常準確的圖表。這也是被用作判定夏至和冬至，還有春分和秋分的方式，因為季節變遷在熱帶國家並不是很分明。這或許可以解釋為何有那麼多古老建築都是這麼建造，每個都是在山丘上，而且有許多距離相等的柱子。世人以為它們大多是古代世界的神殿廟宇，但現在看來，那些柱子有更實際的目的——觀察和記錄星星的移動。

★ ★ ★

另一位女性個案在回溯了一段前世後到了靈界，接著被帶到長老的會議上，檢視她剛離開的那一世。他們認為她的表現值得嘉許，學到了她要學的課題。現在，她準備好要接下一個任務。這都是經過事先的安排，而且與長老討論過的。長老們會建議，但不會強迫她接受任務。她必須決定自己的父母是誰，要在哪裡出生等等。我曾經收到很多同類型的資料，不過這次她說她也必須決定出生的年月日時。於是我問了許多人都問過我的問題：「靈魂在決定回來地球的過程中，是否也要考慮到占星學？」她說絕對是的。一切都必須安排得很準確。這表示甚至連早產都是出生前就已預定好的事，因為星辰會對即將來到地球的靈魂人格有著重要影響。然而事情很可能不僅這麼簡單。我相信占星學和數字學還有許多我們尚未瞭解的特性。

★ ★ ★

所有知識的儲存所

這次的催眠出現一個奇怪而不尋常的轉折。那是二〇〇一年的四月，菲爾到阿肯色州尤里卡溫泉市參加幽浮大會。由於距離上次的催眠已有好一段時間，我們決定來做一次催眠。

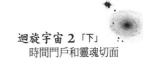

我的老朋友哈莉葉和我同宿。打從我二十五年前開始做這個工作，她就一直給我精神上的支持。那一年，尤里卡溫泉市的會議中心發生火災，大會主辦人盧・法利胥不得不另覓會議地點，歐札克旅館因此蒙受損失，我們為了支持這家汽車旅館，仍保留了訂房。由於火災，許多人以為大會取消了。安是直到最後一天才抵達，她原本打算回費耶特維爾市，但後來我們安排她在旅館房間打地舖。當我要催眠菲爾時，安問她能否坐在一旁觀看。雖然我催眠過她一次，不過她從未旁觀過催眠。菲爾沒有反對，因為這並不是第一次有人在旁觀看。

怪事幾乎是立刻發生。在我給了菲爾他的關鍵字後，他隨即進入催眠狀態，我發現安（她坐在床對面的椅子上）竟然也被催眠了。我對哈莉葉比了個手勢，她也注意到了。但我除了繼續進行以外，只能用手勢要哈莉葉幫忙顧著安。大概是因為我也曾催眠過安，所以她聽著聽著我的聲音就出神了，雖然我並不想發生這樣的情形。安沉沉地坐在椅子裡，似乎陷入自己的世界。我照平常的方式進行，直到安也開始回答問題，我發現自己面對兩難。因為我是手持麥克風放在菲爾的嘴前，所以當安隔著一段距離用輕柔的聲音回答時，情況對我來說會有些棘手。這個情況稍後會有更詳細的描述。

催眠菲爾時，我使用他很熟悉的電梯法。我請他告訴我，電梯門打開後他最先看到的事物。

菲：有人在這裡迎接我。在純粹的白光裡。我們是老朋友。他帶我去一個可以給我看資訊的房間。這裡有好幾位在協助這次的溝通和訊息傳遞。他們說有很多在其他次元的生命也在幫忙，他們能從**他們的**觀點去影響物質以我們的觀點呈現。在你們的認知層級，永遠都會有一些被保留的資料，因為它們在你們的認知層級之上。這是個成長過程，隨著你們的理解更上層樓，你們會不斷突破資訊的新層級。隨著成長的腳步，在現階段的理解層級前方，總是會有一個尚待突破的資訊層級。這個不斷突破的過程讓你們得以檢驗和理解資訊。畢竟一下子全給你們的話，沒有人能夠理解。

朵：我們做這件事已經很多年了。我們現在所得到的資訊，都是一開始時絕對無法瞭解的內容。所以換作是以前，這些資訊真的沒人能夠理解，對我們也不會有像現在的價值。

菲：現在是時候帶你們到下一個最適合的資訊層級了。你們將會從問答中得到必要的資料。

朵：許多年前曾經提到跟我們的太陽系裡的太陽有關的資料。我那時被告知太陽和我們所認知的不同，但我們還沒準備好要去瞭解。你們能多談一些嗎？太陽系裡被稱為「太陽」的真正本質。

菲：我們請你以實相來定義你的問題。你現在是在問太陽的物質實相？還是在指超時空的面向？

朵：我想我們兩個都問。因為在物質實相中，我們看它是個在天空中會發光的球體，給予地球生命，並透過爆炸的氣體維持萬物的運作。這是我們對太陽在物質實相的**概念**。這是正確的嗎？

菲：我們會說，確實，你們是在與一個跟你們不同的物質體共享一個體驗。你們透過身體的感官認知到的實體狀況就只是**那樣**。你們現在談話的這個層面之所以會出現那樣的存在（指太陽），都是經過設計的。

朵：我們用望遠鏡看到的太陽是爆炸性的氣體，影響延伸到很遠的地方。

菲：這跟你們的許多政治家是從他們的權力基礎發揮如同藤蔓的影響力沒什麼不同。太陽的影響力是刻意的，而且受到太陽和各行星表現所附帶的那些能量之間互動的影響。你們觀察到的太陽上的反應，是你們星球上的行為的直接結果。這並不是說太陽上**所有**的反應都是被地球的行為影響。因為太陽系周圍還有其他生命，這些也會造成影響。然而，你們星球上的生命此時此刻的行動，對你們稱為的「太陽」會造成最直接和劇烈的影響。有些存在體因此前往你們的星球進行調整和修正，以彌補地球此時的不平衡。

朵：你們也說過，我們肉眼所見的太陽只是它的一部分，只是一個表現，但太陽的真實性質是跨次元的？

進行到這裡的時候，不在預期內的奇怪現象開始出現。安突然從椅子上回答問題。她沉甸甸地坐著，頭歪到一邊，嘴巴開始說起話來。我離她太遠，無法把麥克風拿過去把聲音清楚錄下來。（後來我才發現錄音帶上她說的話聽起來像是：「它在記錄。」）我知道這個情況若繼續下去，我必得把她移近一點，畢竟她現在的方向是在菲爾躺的另一邊。我起初以為她只是突然冒出一句話，大概不會再回答，於是我繼續問菲爾問題。

朵：你們能解釋你們所說的跨次元是什麼意思嗎？

菲：我們要請另一個人與我們的能量對齊一致，好讓我們雙方都能參與。

正常來說，菲爾出神的時候並不知道房間裡發生了什麼。但顯然傳遞訊息的存在體知道，並且要安靠近一些。這對我來說也會比較方便。

我關掉錄音機，繞到床的另一邊。哈莉葉幫我扶安起來。安很高大，現在又完全沒有力氣，雖然我和哈莉葉一起讓她站了起來，但她卻動也沒動。我們設法讓她轉個方向倒在床上，躺到菲爾的旁邊。整個催眠期間她都以倒下去時的怪異姿勢躺在床上，絲毫沒有試圖改為比較舒服的姿態，但至少他們現在在同一張床上了。只是我必須站著，在他們輪流說話的時候，把麥克風來來回回放在他們面前。最有趣的是，整個催眠期間，當他們回答問題時，一次也沒有打斷另一個人的話。他們似乎意識得到還有一個人在說話，而且會等對方說完才提出自己的看法。某些情況下，他們甚至是接著對方的話說下去，補充資料。我以前從未碰過這樣的事。大概是因為我的聲音的關係，以前也發生過旁觀者睡著的情況，可是跟著陷入催眠並回答問題的情形卻是頭一遭。安置好安以後，我打開錄音機，繼續提問。

朵：你知道房裡還有另一個人也是在同樣的催眠狀態嗎？

菲：我們意識得到能量的層級。沒錯。

朵：所以如果她要補充我們的對話也沒關係？

菲：我們會這麼說，傳遞訊息是在我們之間同時發生。我們只是用了兩個載具。

朵：所以如果她說話，那麼你們兩個都在傳遞訊息？

安回答：「對。」

這是個有趣的實驗。我第一次以這種方式連結兩個個案。我很好奇他們會不會一起說話，就如同一個人說話一樣。我真不知道接下來會發生什麼情況。

朵：好吧。我們想知道，太陽如果不是我們在物質層面上所以為的那樣，那麼它真正的特質是什麼。你說它是跨次元的。

安：是記錄。

朵：你的意思是？

安：（她先清了清喉嚨，然後說：）它會記錄。它是個能量來源，我們的理解是它源於思想。這個思想在為你們現在生活的宇宙記錄想法。想法一經記錄便會投射回宇宙，同時且共同被使用。

朵：但它只是我們太陽系的記錄裝置嗎？

安：不只。它還是許多其他太陽的複本。

朵：你的意思是，宇宙裡所有的太陽都是記錄裝置？

安：對。它是能量來源，是你們主要的來處。它是一個複製，較低的版本，是你們選擇的象徵，用來提醒自己所來自的能量源頭。

朵：那麼我們的來處，也就是那個能量源頭，是比我們看到的太陽更加偉大的顯現？

安：對。偉大很多。

她說的顯然是源頭或上帝。以前也有人在催眠狀態下談到我們全體的來處時，將源頭或上帝稱為偉大的中央太陽。

朵：但太陽也賦予星球和我們生命。

安：那是你們所選擇的。

朵：但太陽也會熄滅。它們會爆炸。我們聽說過超級新星的事。（對。）那時會怎樣呢？

安：你們會再一次創造。

朵：如果太陽是個記錄裝置，那麼那些資料會如何呢？

安：資料永遠不會消失。

朵：會去哪裡？

安：永遠被保存下來。

朵：在哪裡？

安：一直存在。

菲：還有其他的覺察層級是非實體的。資料會同時傳送到這些沒有物質毀壞成分的其他層級，這些資料就留在那裡，隨時可被傳送到一個新的或是擴張中的太陽，或是提取出來。

朵：我們在工作時得知，許多星球是記錄的星球。有些和我合作的人稱它們為「家」。整個星球都是知識的儲存所。那是另一個不同的概念嗎？

菲：完全一樣。差別只在於裝置的模樣。在你們的經驗領域中，記錄的媒介也不只一種。然而，這些裝置本身不是記錄的重點，它們只是儲存和投射記錄的一個方式。從這方面來看，它的定義會視資料是適合被儲存還是傳送而有所不同。

菲爾是我的個案中第一位提到有這種地方的人。它在《地球守護者》被描述為「三尖塔星」，而《迴旋宇宙序曲》和《監護人》都有更詳細的內容。在菲爾之後，我也聽過還有其他專門記錄資訊的星球，每一個都被視為儲存所。靈界也有一座神奇的圖書館，所有已知和未知的知識都保留在那裡。就宇宙的建構方式而言，資訊的累積似乎是最重要的。

我準備要問另一個問題，但注意到安有話要說。

安：我給你們舉個例子。太陽往內散發光熱，你們都在太陽的照射之內。光束並沒有不同，全都是同樣的光，是穿透所有知識和全知的同樣光束。你們創造了它的強度。是你們共同創造出的強度，集體將源頭的力量帶出來，使它更加明亮。當太陽減弱，是因為你們的強度減弱。

朵：那麼太陽是我們控制的？

安：正確。

朵：哦，我們其實控制著一切，只是我們不知道罷了。對嗎？

安：對。你們的星球正在改變的過程中。這是你們要求的。你們早知道會發生改變。（安抬起手來，把手掌面對著我。）就好比現在，我的手舉起來面對你。在這個當下，我跟太陽做的是同樣的事。我在對你發射能量。我在將能量導向你。你等一下就會感覺到。

朵：讓我就我發現的一些事情舉個例，看看是否說得通。我們的靈魂，我們的心靈，或是潛意識，或隨便你怎麼稱它，它會累積所有接觸到的資訊，它是在較低、較小的層級上的一個記錄裝置。而這表示星球是知識的儲存處或另一個層面的記錄裝置。現在你說，太陽也是資訊的記錄器。這是否意味著記錄器有從較小到較大的不同層級？

菲：有很多不同的表現形式。我們只是說明萬事萬物在一定程度上既是實相的**表現**，也是實相的**記錄器**。每一個記錄器都會表達。哪有只記錄不表達的呢？一個錄音機若是不能倒帶播放的話，錄音又有什麼意義？

朵：那麼從大多數人類能理解的簡單層級上來說，我們生命中所有發生的事，都只是被記錄下來的體驗。

菲：星球是人們的記錄器。太陽是星球的記錄器。這實際上是個記錄鏈，好讓星球能將個人的個別體驗集體記錄下來，然後太陽又會記錄每個星球的個別體驗。每個銀河裡的每個太陽，都是每個星球和每個個別存在體的記錄器，每個宇宙又會把每個銀河記錄下來。如此一來這點，每個宇宙都有紀錄，每一個個別的體驗永遠都不會遺失。我們會用你們聖經上的一段文字來說明這一點。聖經寫道，即便是從樹上掉落的麻雀，也沒有是神所不知的。情況確實就是如此。每個星球上的每一件事最後都會被記錄下來，透過行星、太陽、銀河和宇宙的層級而被得知。沒有任何事件或是想法會被忽略。

朵：如果人們能夠理解這點，他們會明白沒有負面，沒有正面，只有被記錄下來的體驗。那些都是人們學習的課題，會被放進全部的記憶庫。我想你們會說是……？

安和菲爾異口同聲道：「集體。」

朵：集體記憶庫還是什麼嗎？

菲：上帝／神的層級。（安也同意。）

朵：許多和我合作的人都去過專門儲存知識的星球，那裡沒有人，只有靈魂。他們可以說是被帶去那裡下載資訊的，正確嗎？

安：正確。

朵：那裡似乎只有紀錄看管人在。

安：他們（指那些個案）是經驗過其他層面的存在體，而不是在你們的地球層面。

朵：而他們能夠協助累積知識？

安：對。散布。

朵：知識的散播。我會把它想成是一台巨大的電腦。

安：你已經接觸過這個話題。你把它稱為「印記」。

朵：我們很多年前談過這個話題。那就像個圖書館，收藏了所有的生命紀錄。

印記背後的理論說，在轉生之前，靈魂可以從圖書館選擇和掃描一段生命歷程印記到他們的靈魂。這通常是因為新的生命需要他們過去世不曾有過的體驗。與其真正地活過一世，印記那一世較為簡單。我被告知，印記具有那世生命中發生過的一切，包括情緒，所以要分辨一個人有沒有真的活過那一世是不可能的。這對回溯催眠師來說很棘手，但倒是回答了懷疑主義者的問題：「為什麼有這麼多人說他們曾是拿破崙、埃及豔后克麗奧佩特拉等等？」他們以為，如果有這麼多人說他們是同一個人的轉世，這就正好證明輪迴的觀點是錯誤的。其實不然。這僅表示有好幾個人在進入我們這個物質世界之前，選擇將同一段生命印記在靈魂裡。這就好比在做研究，為了他們即將進入的生命預做準備。

安：這些靈魂是你們所稱的「印記」的保管人。他們是你們很快要面對的新世界的散播因子。

朵：你的意思是因為地球正在改變？（對。）說到這個，我也被告知，人體的DNA正在改變中。

安：是在改變。

朵：你們能談談這方面的事嗎？

安：可以。你問。

朵：我被告知改變現在正慢慢發生。DNA股在改變？（對。）有人說，到了最後，我們會有十二股DNA？

安：你們會是十四股。

朵：我曾被告知，如果我們到達十二股，將會成為光體，因此在這個層面上會是無形，看不到的。

安：不會。你們在這個層面上會是可見的，因為這是你們的選擇。你們集體這麼選擇了。

朵：但我聽說人類的DNA正在逐漸改變。

安：已經開始了。這是非常微小的改變。

朵：因為如果改變突然發生，它會無法支撐。

安：這是為什麼圍繞你們的星球的能量系統也在改變。它在提升。現在地球上有一些人意識到了。他們正在做準備。他們會為你們帶來知識。地球周圍現在有一個能量牆正在改變和旋轉，以便支撐住這個來源。

菲：總是會有人能以較快的速度適應和習慣較高的能量層級。那就像是長者帶領年輕人的概念。理解力增強的人會得到協助，真的已經理解的人會伸出援手。你們的實體表現，也就是你們的身體，若要有更多表現的可能性，DNA的改變是必要的。要強化基本結構才能有這些較高且更進步的能量表現。這只是更新你們的身體版本，好讓它能適應這些準備透過身體表達的較高能量。至目前為止，因為沒有方法與人類身體溝通，特定的能量層級一直無法有實體的展現。提升後，人類的身體將能與較高的層次溝通，並且啓動此刻還無法表現的一些特定能量。

朵：我被告知，DNA股的逐漸活化或啓動，也會讓我們變得不容易生病。

安：我會讓你知道這是怎麼運作的。你們現在有你們所知的DNA股，它們的**頂端**會加長。你們現在認為它們是在底部，但它們不是，它們是在頂端。它們會以圓圈的形式串連，而這正是你們現在所缺少的。在這個圓形裡，當它們都連在一起時，強度會提升。透過提升的強度，你們的振動層級也會改變。你們將能把自己從一個地方轉換到另一個地方。

朵：你的意思是透過身體分子的溶解或分解？

在美國影集《星際爭霸戰》裡，他們從一個地方到另一個地方時就是這麼運作的。

安：不會分解。你們對分解的瞭解和我們很不一樣。

朵：是分子的溶解還是轉移？

安：那是能量思想的事。你們重新引導能量。不過你們選擇了在這個時候還不要瞭解這一點。

朵：但DNA改變後我們就能做到？

安：沒錯。那將會是一個環狀結構的DNA股。

朵：我們也被告知，這會讓人體變得對疾病更有抵抗力？

安：那只是最低限度。你們再也不用擔心疾病。

朵：他們說他們也在延長我們的壽命。

安：永久，永恆。

朵：可是我們仍有肉身，就像現在這樣？

安：如果你們是這麼選擇的話。

我想釐清當不需要身體的時候，身體和靈魂狀態的不同。我猜想，身為人類，我們會想盡可能長久地保有自己的身體。我們對肉身畢竟是有依戀的，也想和熟悉的事物在一起。

哈莉葉：（她一直在聽，但這是她第一次加入談話。）使用肉身有什麼好處嗎？

我一直站在床邊，不像平常那樣坐在椅子上。因為我必須讓麥克風在菲爾和安之間來回移動，因此不得不在床的上方伸長身軀，我知道姿態笨拙，但不這樣我還不曉得要怎麼才能把兩個人的聲音都錄下來。現在，我也把麥克風指向哈莉葉。我只希望錄音機能錄到所有的談話。後來在聽寫的時候，我發現我可靠的「黑色小盒子」沒有讓我失望。錄音錄得很完美清晰。

安：有。能夠把自己送到其他星系是有好處的。

朵：所以我們會保有現在的身體。

安：如果你們這麼選擇的話。

朵：這麼選擇的話，身體就會被改變。但不是所有人的身體都會有同樣的變化，對嗎？

安：這是集體的想法和決定。你們已經決定要改變。

朵：那麼不瞭解或是不相信的人呢？

安：他們其實瞭解。雖然他們在這個層級上不瞭解，但當他們往前邁進時，他們是這麼做了選擇。

哈莉葉：你可以針對這個過程需要多久給我們一個時間架構嗎？

安：你們的時間架構極為有限。這是已經完成的事。問題在於在你們的實相顯化。

哈莉葉：我們會在現在所知的時間架構內進行？(會。)

朵：她想的是五、十或二十年，到時會顯化出來嗎？

安：在你們的數字系統裡？二十二年。

朵：到時將會完成？

安：你們將會啓動它。你們的DNA股在二十二年內會成環狀，而你們將開始啓動你們的過程。

哈莉葉：會有現在有身體的人進展到那個階段嗎？

安：他們將會回來。

朵：那我們這些年紀較大的一輩呢？

安：如果你們這麼選擇，你們將會選擇回來，你們將帶著記憶回來。

朵：但難道我們的身體不會改變成在這個過程中還能繼續待在這裡？

安：你們將能改變外皮層，以因應目前地球表面能量層級的改變。

朵：我會這樣問是因為我被告知，年紀會變得跟我們現在對它的看法不同。

安：對。

哈莉葉：而且能量層級會提升？

安：正確。

哈莉葉：無法維持那種能量層級的人會選擇離開再回來？對嗎？

安：你們會選擇移動，如果你們願意。如果你們選擇不回來，那也是你們的選擇。你們全體已經考慮過這件事。不過你們似乎還不明白這一點。

朵：對，我們不明白。我們仍用個別的觀點去思考。

安：不，那已經停止了。這就是你們的問題。

我轉向菲爾問問題。目前為止，菲爾一直保持安靜，大多數的問題都由安回答。

朵：你對DNA有沒有什麼要補充說明的？

菲：我們會說，在其他領域會有更多的說明。這個資料會透過其他來源得到確認。我們要求你持續關注這個主題，因此當強化這個資料的事項出現在你面前時，不論是以你們的新聞形式或是會議形式，你都要保持覺察。然後，你可以協助其他和你一樣對這個即將展開的過程有基本瞭解的人，幫助他們有更進一步的理解。

朵：關於DNA的改變和增加更多股，科學家和醫生會看得到嗎？（安：會。）

菲：科學家現在才剛開始透過他們的研究管道，瞭解我們今天在此表達的意涵。人類基因組計畫剛被提示有這些可能性，只是它們尚未在你們的肉身裡表現。DNA鏈中有很多、很多的部分被分類為「垃圾」DNA，純粹是因為科學家不瞭解它們的功能。事實上，所謂的「垃圾」DNA中有一些是有用的，而且也正在表現中，只不過有些部分仍未啓動。這些額外的部分將會與許多其他已經就位的部分和諧運作。這是個增強，將會啓動許多在此之前已經到位但閒置的部分。

哈莉葉：我知道你們很清楚所謂的「靛藍」小孩的湧入。

安：沒錯。他們是你們的老師。能量在變化。他們的身體實際上正隨著能量的改變而重建。他們的DNA層級在提高。

哈：有什麼因應這些新能量的好方法嗎？（有。）我們要怎麼找到最好的做法？

安：你們現在就有資源。水是你們的孩子非常主要的資源。

朵：水？你的意思是沐浴、飲水？

安：讓他們在水附近。內部「消化」。這是正確的字嗎？水對他們來說具有平衡的作用。因為正在隨你們的能量場重建的……（她找不到適當的字眼，不斷說著發音像是cir...cir的字）

朵：（我主動提出）電路？（不是。）

哈：循環？

安：在你們星球周圍的循環（circulation）作用。目前，它在這些特定的個體造成混亂。他們（指靛藍小孩）應你們的要求，帶來較高的覺察和理解到這裡。他們的能量振動高很多。由於地球周圍能量場的建構，他們此時很難連結。不過他們知道會發生這樣的事。

朵：許多教育者、老師並不瞭解這些小孩。

安：你們無法期待他們瞭解。他們對那些孩子沒有生理和情緒上的瞭解。他們是很受限的。

朵：問題是，他們給孩子用藥。我們認為這可能會阻礙孩子的能力。

安：那些服食你們所給的藥物的人知道，他們能夠抗衡或中和那些藥效。

朵：噢，這樣好！我們不希望他們受到傷害。

安：你們傷不了他們。那是他們個別的選擇，這些個體是懷著這份瞭解過來的。（停頓）你們的問題很侷限。我們注意到你過去問了許多問題。但這次你的問題很少。

朵：這是因為我們沒準備好談這個，我們也試著一次只專注在幾個事項。

安：我們會依照你們生命當下的需要，一次只給你們一點資訊。我們無法改變你們的路線。是你們改變自己的路線。你們有任何問題，我們都會給予協助，不會不給你們資料。

菲：你們還會有機會繼續這些研究的催眠療程。我們喜歡稱這是研究時間，因為它們事實上是一種方法或機會，不但你們得以探問我們知道的事，我們也能瞭解你們領會了些什麼。我們會說，在這個體驗兩端的你們和我們是彼此學習。你們用來聯繫我們和提問的方法不重要。是你聲音的振動影響到身體。你用什麼字不重要。

朵：你們是指我的聲音？

安：沒錯。重要的從來不是你的字，一直是所連結的聲音振動。

朵：所以我只要抱持與你們連繫的意圖和個案說話，我們就能溝通？

安：是的。

菲：我們想謝謝你在傳播意識轉變上的努力。我們看到你正對你的星球住民造成的效應。那些已把焦點轉向較高的理解，或該說是轉向對較高層面理解的人，因為你的書寫而找到非常引人入勝且易於瞭解的方式去討論這些事情。有些人是這麼說的：「超越他們的理解能力。」我們想向你道謝，你不知道你對圍繞著地球的能量已經造成明顯的效應，而且是顯著地有了不同，這都是你的努力帶來的直接結果。隔著很遠距離觀察你們的人已注意到能量的變化，你們的能量是明晰可見的。總之，遠遠地看著地球進展的存在體注意到了這個改變。我們不只為那些無法表達謝意的存在體感謝你，也代表直接與你合作的我們和在地球上的存在體向你道謝。這個覺察上的進展是在神所渴望的道路上。這個房間裡的人在最終或最後的體驗之前，換句話說，就是你們「回家」以前，還會被給予很多機會。這個房間裡的每個人都還有很多事情要做。你們不用擔心任何過渡到死後世界的問題，不論是時間架構或離開這個世界的方式，都是由最有能力的專家來處理。

朵：我被告知，我會在此看到這些事情的發生。

安：你會的。

菲：你們每個人在完成任務以前，還會體驗到許多驚奇的事。我們再次代表在這裡的我們，和不能在這裡的我們，向你們致謝。

安醒來以後，感覺既困惑又昏沈無力。她完全不記得自己被催眠了，對發生過的事也沒有印象。菲爾在錄音帶錄到底以前，還有幾點要補充。於是我又打開錄音機，錄下以下的內容。

朵：你說你感覺有兩個各自獨立的管道，而且不是同樣的團體。

菲：我想這大概是因為我們較高的源頭，在某個層面都一起加入。我的意思是，那是同一個也是最終的源頭，只是在我們這個較低的層級上，感覺是個別的。我能夠感覺得到安什麼時候準備要說話，而同時間我則無法開口。

朵：我當時就怕會那樣，怕你們一起開口，沒意識到另一個人也在講話。但你們順著彼此的思緒說下去，而且加以補充。

安說，雖然我是對菲爾說話，但聽到我的聲音，她沒辦法維持清醒。因此，雖然這次事出突然，結果卻很成功。這次的催眠得到了許多資料，都整合納入在其他的章節。

第二十三章 另一個能量體

這次的催眠是在二〇〇一年十月，由一群遙視者主辦，地點在明尼蘇達州北部一處隱密的避靜地。這個團體與美國各地的人合作，運用遙視力來蒐集資訊。他們知道自己被政府的特工監視。政府想瞭解他們知道些什麼，又知道多少。他們也知道他們的電話都被錄音。當他們打電話給我們安排這場聚會時，我們就知道這些事了。這個團體一年大約會有一次在某個隱蔽的地方聚會，交換意見並規劃策略。這次的聚會是在冬季關閉的湖邊渡假地舉辦。除了也在同一個地點經營酒吧的地主之外，那裡就只有我們。然而，在聚會前一天，當他們在處理補給品等物品時，有些可疑人士出現，問了些不尋常的問題。這個團體猜想政府可能知道了這場聚會，不過他們處之泰然，不被此事影響。他們說他們曾試著和政府人員配合，當他們認為會有事情發生，便主動提供政府資訊。有關他們的事我只能透露到此。明尼蘇達州有上萬個湖泊，要查出他們的地點並不容易。我向來都會努力保護個案的身分。

這個地方很偏僻。二〇〇一年十月，在對幽浮共同研究團體（MUFON）發表演說後，我們乘著小飛機飛離明尼亞波里斯市（Minneapolis）的北部，有人開車來接我們，經過一個多小時的車程，終於抵達位於湖邊的聚會處。天氣很冷，還下了雪。聚會過後，我們又飛回明尼亞波里斯市，參加靈魂替換者進化大會（Walk-ins for Evolution Conference）。（譯注：靈魂替換是指某人原先的靈魂已經離開身體，由另一個靈魂暫時或永遠取代。）

那時，紐約和華盛頓才剛經過九一一攻擊過後沒有幾週。靈魂替換者大會舉辦期間，美國表面以追殺賓拉登為由，對阿富汗發動攻擊。連著幾週的氣氛都很緊張，所以我能瞭解這個遙視者團體為何這麼小心翼翼。他們的領導者在聚會後打過幾次電話給我，告訴我他們預測的事件，這樣我就能了解他們最新的動態。他們的想法是藉由團體的心智影響力，改變預測到的事件，或是不讓事件發生。

以下是我在當地對其中一位成員所做的催眠。當我引導蘿拉從雲端下來時，她並不知道自己身在何處，但聽起來絕對不像前世，至少不是在地球。她得到的奇怪印象比她看到的情景還多。

蘿：很像是從一個明亮物體反射出來的太陽光。只有光和某些形狀的陰影。就像是陽光以一種角度照射到鏡子上，而我是從對面的平面看著。現在全暗下來了。

我問了幾個問題，引導影像浮現。她感覺自己被包圍著，所以猜想自己是在某個東西的裡面而非外面。她看到好幾個看起來是陌生物體的部分，然後是線條，有直的和鋸齒狀。一道道的光柱，然後光線的變化，以及彼此重疊，像是多重曝光的影像。接下來的好幾分鐘，蘿拉看到的都是不同的幾何形狀，包括堆疊的菱形和色彩，但就是沒有可以說明她所在之處的線索。接著，令人難以置信地，她宣布：「我想我是在某種機器裡！不然就是看著一台機器。現在，我所能看到的就是一個像窗戶的東西，但我無法從窗戶看出去。它後面有很白的光，不過不會刺眼。」

朵：窗户是什麼形狀？

蘿：很圓。也許我剛剛看到的是窗户邊緣的固定夾鉗。我看到的透窗的光是來自機器內部。我現在在機器裡面，就是被光包圍著。光在我的外圍，有點像是光暈？但是所有牆面和東西都有光。有時候，光會進來，完全包裹住我，也有些時候，它就是在我周圍的一圈光。一個圍繞著我的圓柱體。我移動到機器裡面了。現在這個光是淺紫色的。

我想得到一些她對身體的印象，於是讓她專注在自己的腳上。「我感覺得到我的腳，但看不到。我想我沒有身體。（困惑）我在這裡，可是……沒有腳，沒有手臂。我只是在這裡。我想我沒有身體，就只有我而已。」

這種情況以前也發生過很多次，所以我並不覺得驚訝。我只是需要想出適當的問題來問這類型的存在體。

朵：機器的其餘部分是什麼樣子？你還得到什麼印象？

蘿：我對牆壁的質地有印象。我知道它們是金屬，可是看起來和摸起來都不像金屬。牆壁是一種上下交錯的菱形。

那大概就是她早先看到的菱形，但當時找不到解釋。

朵：這個地方讓你感覺自在嗎？你覺得你屬於這裡嗎？

蘿：對，我有這種感覺。這是個小機器。我進去後就被侷限在裡面了。我對這個世界的認知是多彩的。這個世界有很多彩色的光，我是彩色的光。當我對我的環境反應，顏色也會跟著改變。明和暗。我們現在是暗的，但它變成白光、淡紫色的光、黃光。

朵：我希望我們能對這個地方有更多的瞭解，並且發現它到底在哪裡。你想從這個機器出去，從外頭看看它嗎？

蘿：想，我想看看它是什麼。

朵：它從外面看起來是什麼樣子？

蘿：還是一樣，我知道它是金屬，可是看上去不像。它看起來像是深色的塑膠，不過我知道它其實是金屬。圓筒狀的，頂端尖尖的圓錐體。看來很緊密，很侷限。只是侷限，不是壓縮，像是我填滿了它，但還有可以移動的空間。

朵：它在哪裡？

蘿：我不知道我現在看到的是什麼。我看到它在一個……？它的外面有條狹小通道。我在它的上面。我有點感覺它是一艘太空船或運輸裝置。現在我看得比較清楚了，我知道它是個交通工具。

朵：如果它是某種飛船，它要把你送去哪裡呢？

蘿：任何地方，我心裡收到的是**任何地方**（笑聲）。現在這個地方大多了，我感覺周圍有一塊寬廣的平坦區域，上面有些裝卸的活動在進行，不過不是很多。這裡人不多，並不熱鬧。現在有東西正直直地往上升。

朵：附近有其他人嗎？

蘿：有。不多。他們是一個個形狀。我有一種他們穿著制服的感覺。不是人形，只是形狀。

朵：他們也有不同的顏色嗎？

蘿：他們是很灰或很暗的顏色，沒有生氣。但我想那是因為他們穿著某種什麼的緣故。

朵：那些人在做什麼？

蘿：噢，他們在做他們的工作。我會說那是個貨物裝卸的區域。他們只是工作人員。

朵：你的工作是什麼？

蘿：我是這艘船的飛行員。船的感覺就像家。

朵：你駕駛這艘船的地方看起來是什麼樣子？

蘿：就是整艘船。我進入太空船裡，然後它會照我的要求去做。

朵：不需要有控制板或其他的東西嗎？

蘿：用心智控制。

這不是我第一次聽到這個概念。在我的書裡，有一些外星人是與太空船連線為一體的例子。他們透過心智和肌肉的反應來駕駛。不過那些存在體比較是物質實體，蘿拉聽起來則類似能量存在體，因為她似乎沒有實質的身軀。

許多外星人也會透過心智控制太空船，集體心智的力量尤其強大。

蘿：可是這艘太空船比較細長。不像地球上那種大型的運貨飛機，它只是個細長的圓錐體。有點像是鉛筆，只是它的面都是圓的，又長，還有個尖尖的頂端。

朵：船上只有你一個人？

蘿：感覺只有我在，對。我乘這艘船時，船上只有我一個。我要去辦事。不是真的什麼差事，也沒有搬運貨物。不像是在運貨或什麼的。我並不清楚我是要去做什麼。但我去是有某個目的的。傳遞訊息，做某件事。我駕駛太空船。我上了船，然後出發。

朵：你把訊息帶去給某個人？你是這個意思嗎？

蘿：我的離開就是個訊息。很難解釋。連我都不太知道是什麼意思。

朵：好，現在你看到自己在做這件事。你就只是進入太空船，然後想著你必須去的地方嗎？

蘿：對，太空船就是這樣子運作的，機器就是這樣運作的。太空船停泊的地方不是我的家鄉，是我三不五時會去的地方。有些像我一樣的人也會去。這是為何他們有個能夠容納太空船的裝卸平台。太空船進入這個停放區，被一個平台圍繞。這是為什麼那些形狀穿著衣服，而且看起來和我不一樣。因為這裡不是我的家，只是我有時會來的地方。

朵：讓我們看看你來自的地方是什麼樣子。你可以很容易就回到你的來處。你的家鄉看起來是什麼樣子？

蘿：光。很多光。柔和，柔和……非常柔和的光。所有顏色的光。

朵：你是乘著太空船回到那裡的嗎？

蘿：這次不是。我想去就去了。

朵：沒有什麼實體或物質的東西？

蘿：我沒看到。我們全都是光。

朵：附近有其他生命體嗎？

蘿：感覺好像全都是我，但出去的時候就只有這個部分的我。（笑聲）當我回到家，全部的我都在家了。這個感覺很好，很快樂。我回到家了。

朵：那麼為什麼你必須搭太空船出去？你說你覺得自己沒有身體。

蘿：他們需要太空船。我去的地方，那些人需要看到太空船。我不用太空船也可以旅行，但他們需要看到太空船。

朵：為什麼他們需要看到太空船？

蘿：他們還不是光體，他們有一些瞭解了。為了讓他們感到自在，我去那個地方和其他類似地方的時候會用到太空船。看到太空船進去，然後有個光體出來，他們才覺得安心。這對我來說沒有道理，但他們要這樣才感到自在。

朵：所以他們看到的你是彩色的光？

蘿：他們看我是個光體，不過他們需要看到那艘太空船。為什麼呢？我並不需要它。就好像我回到了家，現在又回到太空船上。回到家的感覺很好。我回到家就是回到很大的光裡。可是我需要太空船來**這裡**。

朵：在這個你認為是家的光裡，都沒有實體的東西嗎？房子或任何那樣的東西？

蘿：沒有，我只有飄浮的光的感受。我還有一種「我們」的感受。「我們」是光。

朵：就好像這裡不只你一個？

蘿：對。但我們是一大團。我會離開，然後又回來。離開時，我是我。回來後，我們是我們。

朵：那麼你們全都是同個東西的一部分。（對。）

我決定把她移動到有重要事情發生的一天。雖然我無法想像對一個能量體而言，什麼會是重要的大事，但我還是照著多年來一直非常有用的程序進行。

朵：發生什麼事了？你看到了什麼？

蘿：這和我們變成我，還有我變成我們有關。這也跟為了其他人而必須有艘太空船有關。為了使他們安心，為了他們好，我（出現時）必須要有艘太空船。但對我來說，這只是我而不是我們，而我們並不是我。我知道這不是指特定哪天，而是整個概念而言。

朵：可是你說你是被派出去傳遞訊息。

蘿：對，有時我會待在外頭很長一段時間。我帶著訊息到應該去的地方，然後待下來。這是他們告訴我，也是我現在試著弄清楚的事。

朵：你的意思是？

蘿：現在這個**身體**就是我的船。我是為了一個訊息來到這裡。為了一個原因。

朵：你是指在地球嗎？

蘿：對。蘿拉這個身體。為了讓當下這個時空層級的人感覺自在，我必須在這個身體裡。我必須當我，不能當我們。我對這樣覺得自在。我喜歡當我，可是會想念我們。

朵：那是他們讓你現在看到的嗎？你有一度是我們？

蘿：有人告訴我，那是用幼稚園等級的方式讓我知道原因，解釋我為什麼在這裡。有關事情是怎麼發生的。

朵：事情是怎麼發生的呢？

蘿：我被叫來這裡。我來過這裡很多次，但這次是被叫來的。

朵：什麼意思？

蘿：有人需要我，我必須來。他們要我，而不是隨便哪個人。他們要**我**過來。這是個非常重要的工作，而且要做很久。我不能來了就走。我必須帶著這個載具（指身體）來這裡。

朵：你的意思是，你來地球是要做一件很耗時間的工作？

蘿：對，而且會很難，不過我做得到。他們覺得只有我能做到。我來是要改變事情的。很微妙。有點像是全被搞亂了。這個地球實體需要幫助。地球也召喚我來。創造這個地球的存在體很痛苦，悲痛又受了傷害。所以我和地球合作。我和地球存在體合作。地球上的人也很痛苦，悲痛又受了傷害。我來提供援助。我知道要怎麼改變這些事情。我知道要怎麼處理。

朵：你在其他的生命中也做同樣的工作嗎？

蘿：有需要我的時候我就會做。

朵：所以在其他的生命裡，你也做過幫助這個星球的工作？

蘿：對，只是這次很嚴重。

朵：你怎麼幫助地球？

蘿：我平衡能量。我試著形塑和塑造地球與地球人的能量。就像在雕刻。氣候、大氣。一幅浩瀚的全景分成了許多部分。也有點像是……用磁鐵製作鐵削畫，像是小小孩的圖畫。就是試著用磁鐵把鐵削製成一幅美麗的圖畫。我努力一把抓住所有鐵削（笑聲），試著讓它們保持美麗的樣子。地球是個如此美麗的星球，可是鐵削不斷地跑開，不停地遊蕩，一直在流浪，老是惹上麻煩。這是個困難的工作。

朵：可是你顯然是志願去做這件事，不是嗎？

蘿：是的。這個人，這個身體想知道她為何會被召喚到這裡。這就是原因。來幫助地球。幫助地球人。幫助大氣。

她變客觀了。這通常意味我現在是接觸到她的潛意識或高我。我還沒有請它出來，但它常常在催眠時自行現身，接手回答問題。我對這個現象總是欣然接受，我知道蘿拉和我都能因此得到問題的答案。

朵：你能告訴她，她剛剛在的地方是哪裡嗎？那個她稱為家的地方。

蘿：那是一。一。一切皆為一體之地。

朵：可是她來到這裡幫助地球。

蘿：她一直是能量的平衡者。很久以來一直都是，對。她很擅長做這個，宇宙知道她是能夠協助的人。大多數人來這裡學習。他們為了各式各樣的理由而來。她來則是為了協助。地球呼求，宇宙便召喚她來。

朵：但她在這一世，也在學習課題，不是嗎？那是人類經驗的一部分？

蘿：沒錯，她學到幫助別人學會他們的課題。她永遠都在幫人，一直在幫忙。

朵：當我們住在地球，我們有創造問題和造業的傾向。

蘿：對，人們是會這樣。（咯咯笑）有一些靈魂造了太多業，她也同意要幫助那些靈魂學習如何在一世裡平衡他們的業。她本身沒有陷入會把她綁在地球的業。她做得很好。她記得。不論發生什麼事，她都能平衡業力。她在還沒想起要怎麼做之前，就已經在那麼做了。她那個記憶保有得很好，但她老了。她這樣做過很多次了。

朵：要和人類一起生活而不造業非常困難。

蘿：所以我們很敬重她。她是少數不會造業的人。這一生對她來說又很困難。但她很早就想起來，而且記得很清楚，現在又想起了更多的事。我們覺得時候到了。她想知道。她記得的事比她願意承認得還多，只是她聽信別人說事情不是那樣。我們要她知道事實上就是這樣沒錯。她的記憶是準確的。

★　★　★

蘿拉也想問和天使有關的事，而祂們顯然是不同類型的存在體。

朵：蘿拉，這裡的這個人，想知道有關天使的事。你能告訴她世上真有天使嗎？

蘿：有。她已經和天使合作幾十萬年了，一起做了很多工作。她有和她合作的特別天使。

朵：那些天使是否就像是她的指導者或守護者？

蘿：她也有那些，但那是不一樣的。指導者或守護者是人，是她在其他世和這世認識的人，他們回來幫助她度過這一世。她的天使們則自始至終都在她身邊，包括她在地球上的生生世世和在其他星球的生命。

朵：她認為天使是附屬於地球的。我想不是這樣的，是嗎？

蘿：我想她把天使和住在地球較高氣層中的保護性質的存在體搞混了。那些保護的存在體停留在靠近地球的地方，那是他們的工作。她到地球要做的事情當中，有一部分就是跟他們密切合作平衡的工作。有的天使會跟著靈魂去任何地方。那些靈魂會成為人類和其他存在體。她想知道天使是否會進入人體。答案是否定的。那些只是她稱為天使的人們。某些天使存有和她一起工作，其中有一位一直與她合作，數十萬年來一直都是，從她開始投生到現在。天使對與她合作感到非常滿意。但她需要記得，不是只有她稱為**守護**天使的才是天使。她需要想起在她所稱的聖職工作的所有其他天使。她需要想起並讚美和感謝他們的工作，為他們的能量，他們的安好和力量祈禱。

朵：那是她的另一個問題。她應該或是能為他們做些什麼嗎？

蘿：她需要想起更大的召喚。她知道她的天命是助人和幫助那些被帶到她面前的靈魂，幫助那些人度過他們的經歷。不過她需要記得，她是和所有那些在大氣層以及人類諧波中的能量一起工作。那些是所有人發出的能量，還有地球的能量。有天使們在幫她做這個工作，也幫助其他多少在做相同工作的人。有的人在處理地球的能量，有的人在處理人類的能量，還有其他人影響大氣的能量。她是唯一在三個部分都有工作要做的人。

朵：比起單做一種，她的工作更難。

蘿：沒錯。很耗她的心力。她常常納悶自己為何睡不好。這是其中一個原因。她忙著其他層面的工作，以致於無法熟睡。不過她不覺得累，因為我們在努力照顧她，保持她的活力和安好。

朵：所以她在她以為是睡覺的時候做了很多事。

蘿：她一直都在做。這從她的新陳代謝很慢和精力不足就看得出來。她的行動有一些緩慢，說話有一點慢，她睡得也晚，因為她在另一個層面非常忙碌，身體就受到那樣的影響。

★　★　★

從我過去幾年的工作看來，越來越多的人意識到自己靈魂真正的來處，還有此刻活在地球的目的。看來，現在是這一切向他們揭露的時機了。是意識到這些事情的時候了。

第二十四章 思想即創造

里察是一位學校老師，當他從雲端下來時，看到有人在地面上迎接，歡迎他的歸來。他認為那裡是另一個星球，絕對不可能是地球。「感覺不一樣，這裡非常、非常平和。那些人很和藹，就像是我的家人。」那些人的外表看似人類，穿著飄逸的長袍。他自己穿的是紫色的袍子。他們不用口語溝通。「我們心靈感應。」

朵：你覺得自己是實體，有肉身的嗎？

里：某程度上是實體的，可是很輕。

他說他感覺已經離開了很久。他的情緒突然激動起來，開始掉淚。

里：他們問我過得好不好，經歷了些什麼事。那就像是接下一份工作，一個任務。我像是外出旅行了好長一段時間。

朵：你為什麼決定要回來？

里：因為到了該回來的時候。只是回來更新我的能量，記起我的來處。

朵：你去了哪裡？

里：大多是在地球。至少在過去的十萬年來，這一直是我的任務。

朵：所以你在地球上待了很久。

里：是的，很多世。但總是會回來。

朵：為什麼你必須一次又一次回來？

里：那是工作的一部分。

朵：你現在是回去交換資訊？

里：對啊，只是小小更新一下，我想。（哭泣）

朵：你在那裡的時候，是不是肉身已經死了？

里：不是，只是頻率變了。

朵：那麼你是在里察的身體裡嗎？

里：對啊，不過是在高很多的頻率。

朵：所以你只要改變頻率就能到這個地方？（對。）這通常是在什麼時候發生？

里：大概是在晚上，我睡覺的時候。

朵：所以里察沒意識到這些事？（沒有。）這是個實體的地方嗎？

里：對啊，在某種意義上是的，但它是在不同的次元。有時候，它感覺幾乎就是實體的，不過有些方面不一樣。更輕盈，更自由地流動，更容易移動。我可以很容易地用觀想創造。

朵：你創造什麼呢？

里：形狀、能量、音樂、色彩。

朵：你為那個次元創造這些東西？

里：這是一部分，其他部分包括在較低層面上創造經驗。當你降低振動，它就變成形體。

朵：你在那裡創造出的東西會保留下來？還是消散？

里：不會消散，會留下來。它會有個形體。我不知道要怎麼解釋。我不曉得還可以怎麼解釋。

朵：當你在創造的時候，你是怎麼做的？

里：只要想著它。**維持**那個念頭，再把它從較高的層面帶到較低的層面。這麼做的同時，要維持住那個意圖，然後它會突然就出現了！

朵：我很好奇地球上的人能夠使用這個能力嗎？

里：可以，而且這樣會很好。他們也能做到，透過團體合作與和諧，為任務投入，做出承諾，持續專注在目標，並全心接受那個目標。團體一起進行比較容易，但這是雙面的。一方面來說，個人不會有團體的複雜，但團體會有更多能量去實現較大的事。所以，有好有壞。

朵：我在想，如果你創造它，想著想著就使它出現，但當你不再想它，能量被移除後，它會不會就消失了呢？

里：不會，你會一直想著它。你能夠同時想很多事並維持住那個能量。你可以思考和想像的事情有太多太多，可以有整個星系那麼多。

朵：你能夠單獨創造嗎？還是你需要團體？

里：我想**兩者**都可以，事實上是兩者都可以。某些方面你能個別做，但你也需要團體來進行較大的計畫。

朵：其他的存在體一直都待在那裡嗎？

里：有些一直待在那裡，對。當我執行任務時，他們會為我維持能量。

這些存在體從另一個世界協助里察，但他的意識並不知道。因為在肉身時，有時就是會忘記。由於密度的關係，創造在地球上要難得多。他獲准現在知道這些，這樣他就不會再那麼容易忘了。

朵：如果要你描述，你會怎麼稱呼這個地方？

里：星艦總部。我不知道座標。我猜想距離這裡有些光年。但如果你用光體旅行，幾分鐘就到了。

朵：那裡和靈界不同？還是相似？就到了。

里：是相似的。

朵：我在想身體死亡後，靈魂到了靈界的時候。這跟那個情況相像嗎？

里：有像，也有不像。我想如果你失去身體，你會……有一點失去連結。我會形容它比較像是下一個**階段**，而我的情形是能把所有人世整合到一個身體裡，然後提高頻率，把那些通通帶著走。很像是耶穌升天還是什麼的過程，看你們怎麼說。你只是提高……提高……再提高頻率。而死亡在某種意義上有點中斷。我的情況比較是連續性的。

朵：你為什麼認為死亡是中斷的？

里：是有一點中斷。死亡會把你從一個體驗帶到另一個體驗，有時候人會有一點迷失。但我的情況是更有意識、連續性且輕鬆的流動，在提升振動的過程中，意識也不會中斷。

朵：進入靈界後，人們還會像循環或輪轉一樣又回來地球。但你的情形並不是這樣？

里：這個像是讓自己從那個輪轉中釋放出來。對於何時想來，何時想回去，你有更多的選擇。

朵：既然能待在那個美麗的地方，為什麼你會決定要進行地球實驗？

里：有時候我會想接下困難的任務。

朵：地球是困難的任務？

里：是的，我是這麼認為。

朵：他們怎麼使用你帶回去的資料？

里：他們研究和匯集這些資料。我想他們有的對那個層級的體驗很熟悉。也有很多從未決定過要體驗實體生命。

朵：你知道他們累積那些資料要做什麼嗎？

里：我想那是研究計畫的一部分，看看實驗是否真的成功，還是該展開別的實驗。

朵：你會怎麼解釋那個研究實驗？

里：（他暫停下來，像在思考要如何描述）神性是如何開展，然後再回歸呢？永遠都是擴展和回歸的循環。往不同方向開展。體驗不同經驗的廣大。

朵：這些是所有個體的體驗嗎？

里：不是，是所有的團體，所有的……首先，你會擴展，然後個別化，變成部分，然後……你要怎麼再把它帶回來呢？

朵：這就是所說的研究實驗？成為所有這些不同的部分？然後他們累積資料再帶回去？（對。）只有在地球進行實驗嗎？

里：不，不只，不只。我想有很多星球。

朵：已經進行了很長的時間嗎？

里：沒有，我想人類大約是十萬年、二十萬年。其他的實驗更久。其他的生命形式都很古老。不論是什麼形式，都沒有時間限制。

朵：這是為什麼我問某件事要花多久時間時，其實並沒有什麼意義？（對。）他們認為實驗成功嗎？

里：我想我們有進展。實驗有一線成功的希望。

朵：如果他們認為實驗不成功，會發生什麼事呢？

里：（笑聲）那麼你們會再循環。把一切都混在一起，然後創造出新的東西。

朵：那麼那些累積的體驗和資料呢？

里：有一部分可能會失去，但在萬事萬物宏偉的循環中，那只是部分累積的資料。總是有實驗在進行，有些成功，有些失敗，但它們都對什麼會成功和什麼不會成功做出貢獻。這永遠都是珍貴的資訊。所以你只是稍微改變條件，微調一下，不是大幅度改變。你從經驗中學習，做出一些改變，然後再度嘗試。

朵：不能大幅度改變是規則之一嗎？

里：是啊，如果你一次改變太多變數，那麼就搞不清楚了。那會很難、很難知道是什麼有用，什麼沒用。

朵：所以有特定的規則和條例。（有。）我聽過地球是個困難的星球。

里：對，它是比較稠密沈重的地方之一，但也因此有某些機會和挑戰。地球是有自由意志的星球，所以許多面向有時是無法預料的。會有很多令人驚訝的事。

朵：當里察離開這個身體，也就是他死的時候，他會回去這個地方還是會去靈界？

里：我認為我不需要去你所稱的靈界。這次我可能就像我剛剛說過的，就是提升到較高的頻率。所以我當然會返回家鄉星球。

朵：許多人都必須去較低的層級。他們可以突然跳到你那個層級嗎？（不行。）關於這個有特定的規則嗎？

里：規則可能不是正確的字眼。有很多人是在特定的情況中，因此由不得他們跳得那麼快。雖然有這個**自由**，可是很難做到。

朵：雖然靈界很美，但我知道很多人都想要越過靈界，直接到他們能夠創造的地方。

里：對。但你必須對自己下很多功夫才能做到。而且，我認為，要有**付出**的意願。要服務。要貢獻。

朵：回到那個地方並待在那裡是你的目標嗎？

里：不一定是待在那裡，不過我知道我想要回去。如果到時還有別的任務，過一陣子我會考慮看看，我會願意再接下任務。

朵：你說那裡有些人從未出過任務。

里：對，但他們也有不同的角色。對有些人來說，他們在做的是他們所承擔的工作。

朵：也許他們有些人就像是資料和紀錄的累積者。（對。）你是冒險家和帶資料回來的人。（是的。）我總是會想到機器。他們需要機器之類的東西來記錄和累積資料嗎？

里：他們確實有電腦和不同的裝置、設備，不過另一方面，這需要那些存在體的意識還是什麼的，看你們怎麼稱。……當你說到創造，由於自由意志，所以可能會出現問題。比方說，你們有自由能源。但如果你們用自由能源創造出錯誤的產物，那就是對自由能源的誤用。……他的靈魂以前做過這樣的事，在很遙遠的過去。事實上，談到過去有點好笑。我在想的是亞特蘭提斯、雷姆利亞。他在一定程度上是知道的。

朵：他在那幾世用那些能源做了什麼？

里：各種事情。為房舍供暖。運送人們。建造事物。醫療。維修身體。它可以被用在許多事情上。

朵：那時候怎麼了？他濫用了這個能力嗎？

里：沒有，他沒有濫用，可是他失去了對它的控制，落入了錯誤的人手中。他不夠小心，有時候太過信任，太過**相信**每個人都有同樣的良善意圖。所以我想我們需要更敏銳，更有識別力。

朵：他要怎樣才能接收到他在那些世得到的知識？

里：透過冥想，透過和人說話，然後去做就對了。當他運用他的雙手，突然間某樣東西成形了，他會靈光一現，並說：「噢，這看來好眼熟。」我想有的時候就是要懷著信心實際去做。因為很多時候他都想做到完美，而且總在預想接下來的最好做法，但做就對了。……我認為，看到這個地方只是要讓我想起我的來處，讓我不要忘記，讓我知道他們都在支持著我，掛念著我，保護我。

朵：有什麼方式可以讓你在意識清醒的狀態下與他們聯繫或溝通嗎？

里：第一步是冥想。然後我想管道會更加開啓，開啓到我幾乎隨時都能與他們聯繫的程度。

朵：今天我們原本要為里察找到一個適合回顧的前世。為什麼你選擇要帶他回到他的家鄉，也就是他的來處？你直接把他帶到那裡，並沒有進入前世。

里：我想那比任何前世資料都重要得多，畢竟那是他的基地，總部。我想我們扮演的不同角色都只是整體體驗的一部分。一個人最初的本質，還有我們的來處才重要得多。我想，有時老想著過去已經發生的事並沒有幫助。重要的是專注在未來，並做此刻需要去做的事，然後需要的資料就會出現。這對這個過程才有幫助。

朵：你認為回想過去發生的事會讓我們停滯不前？

里：在某個程度上，對。

朵：過去有它的重要性，我們不希望過去的經歷白費了。因為我們要從中學到課題，不是嗎？

里：是的，我們會的。但有時放下也很好。釋放就是了。即使發生了不好的事，放下。那些是人類在一個層面上的部分體驗，但從另一個角度來看，還有豐富得多的事。

★ ★ ★

我在催眠大型企業主管妮可的時候，接觸到另一位創造的存在體。當我請她描述美麗地方時，她立刻進入一處不像塵世的所在。她發現自己身在一個洞穴裡，但那裡聽起來不像地球上的一般地方，因為有與她溝通的靈體。「當我有問題或他們有資料要給我的時候，我就會看到這些靈體。我可以召喚他們。有時候他們在做其他的事，不過如果我召喚，他們就會來了。大多數的時候，我都能在這裡**找到**他們。」她描述那些靈散發著白光。「我想要他們看來是什麼樣子，他們就會是那個樣子。他們看起來像是一個個不同的人。我稱他們『白袍人』。我常常沒怎麼去細看他們的臉，但我認得他們的能量振動。」

我問她有關她所在的洞穴。「這是我創造出來的地方。我隨時都能到這裡。我在自己心裡創造出這個地方，並且把它實質化。它存在於——你們可能稱的——一個星光層面。那是個真實的地方。會有別人認得這個地方。」

朵：但你談到的那些靈體，他們存在於星光層面嗎？

妮：他們存在於超越星光層面的地方。他們是我的朋友。他們是指導者和同事。他們帶給我資料和友誼。（笑出聲）還有就是聚在一起。他們可以取得我在這次轉世有困難取得的資料。我其實不必去那個洞穴。我在任何地方都能跟他們聯繫。

朵：但因為這個星光層面很平靜，所以你很喜歡？

妮：很悠閒。

妮可顯然不是回到前世。她描述的是她這一世與這些指導靈的接觸。「我在其他世也跟他們聯繫。我們彼此間一直比較是同事性質多過於指導。」我繼續回溯的程序並帶她來到雲端。

妮：我現在從一些很尖、很尖的松樹間往下飄落。我不認為這裡是地球！那些松樹非常、非常、非常高大。可能十呎寬，很圓。地面在移動。它不是堅硬的地面。

朵：當你站在地面，你的感覺如何？

妮：我不在身體裡。我沒有一個實質的身體。所以我不見得要站在地面上。地面在動。有點像是站在雲上，但那是能量而不是水粒子。

朵：那些樹呢？它們是實體的嗎？

妮：不是，它們不是。不是那種你在地球上看到的實體。它們有形狀，但你的手可以穿過它們。它們是三次元的，只是你要想像它們的組成分子不像地球上的分子那麼緊密地聚集一起。

朵：所以你能用手穿過它們。地面在移動是因為它也不是堅實的？（對。）你的身體比較像是……

妮：比較像能量體。我可以讓它有形狀。只要把一些分子拉聚得緊密些就行了。我是有一點物質（屬性），不過很鬆散。

朵：如果有人看著你，他們會看到什麼？

妮：（輕聲笑）要看是誰在看我。可能有些人會看到一抹灰色的東西。其他人只會看到火花。各種不同顏色的火花。這要看他們意識到什麼。除非我把分子聚攏些，創造出個形體。

朵：如果要創造形體，你會創造什麼？

妮：我想創造什麼就什麼。我什麼都能創造。我可以創造出一隻大貓。可以把自己創造成現世這個樣子。我可以把自己變成一個男人。我可以想變什麼就變什麼。非常容易。

朵：那麼不論你創造出什麼，會是實體的嗎？

妮：不像地球那麼實體，但會像這些樹的實體。

朵：那麼別人的手穿得過去嗎？

妮：如果他們選擇這麼做的話。

朵：有意思。你的身體在這個地方看起來一直都是這樣嗎？

妮：多數時候我讓它只是閃光。

朵：聽起來很美。而你現在所在的這個世界完全是沒有形體的嗎？

妮：不，不是沒有形體。這個世界也有規則。這個實相的參數和地球不同。實體的參數更廣泛，其他的參數則狹隘得多。在這裡寬恕沒有多少時間上的落差……我想我用錯「寬恕」這個字了。應該是思想的時間落差較小。你只要想，就會創造出來。

朵：你剛剛說這個地方，這個世界，並不在地球上？

妮：它可以和地球並存。它所使用的空間也可以被地球使用。

朵：它們能夠使用同樣的空間？

妮：當然。有許多不同的層面。你可以說這是在另一個層面。在一個不同的振動層面。部分的它與部分的地球重疊。

朵：所以這是它們之所以能存在於同一個地點，因為振動頻率的不同？

妮：沒錯。它們能夠使用地球上已在使用的空間。空間事實上是無限的。透過使用不同的振動層級，對大多數的地球住民來說，那會是無形，看不到的。

朵：那裡還有其他跟你類似的人嗎？

妮：有幾個，不過我們不是要跟彼此聯繫的。我來這裡是要獨處。我並不是一直都在這裡。這裡是練習控制思想的地方。練習而不會有過度的後果。

朵：你說過度的後果是什麼意思？

妮：在許多區域或層面，或振動層級上，思想在實體生命所使用的層面會比較難被控制。因此，思想常常創造出意料之外的後果。那些後果往往具有廣泛的破壞性。

朵：你的意思是人們創造事物，然後那是……

妮：是個錯誤。不完整。

朵：這是指馬上就被創造出來的情況嗎？

妮：不是。任何你所想的都會立刻被創造出來。在我現在造訪的這個層面，創造物會即刻**出現**。因此這是一個訓練你的思想模式的好地方。因為你想著某樣事物，它就立刻出現，你也能馬上毀掉，改進和完善它。

朵：你的意思是，在那裡比較好控制。

妮：是的。地球層面好**混濁稠密**。你創造某樣事物，但干擾的能量是如此**混濁**。要好久，好費**時間**！好**慢**！地球好**慢**。太稠密了。**思想**創造出某樣東西，它會出去，然後過一陣子才回來。當它回來時，你已經創造了別的東西。時間都過去了。你創造的東西好不容易成真了，你卻覺得：「真是的，這不是我想要的。我需要的不是這個。」於是你必須毀了它，重新再來一次。

朵：可是如果需要久一點才能發生，才有結果，難道不是更容易更改？

妮：有時候可以。但有時候你無法一直追蹤後續。就是太**混濁**了。你無法一直都控制它。其他人的能量會趕上你的創造物並移動到它們。

朵：這樣就會造成變化了。我從來沒這麼想過。它不會保持純粹。別的影響會產生。

妮：對。你必須在很高的振動上創造，才能保持它的純淨。在這裡練習容易多了。**好玩**多了。要創造出美麗的事物變得簡單**許多**。

朵：你能把你在那裡創造的事物帶到地球層面來嗎？

妮：（發出笑聲）這可會引起混亂。讓一隻老虎在街上跑不太好吧。像那樣的事。那是不一樣的。

朵：如果能這麼做的話，難道不會比較快嗎？

妮：不會。在地球層面創造事物有不同但比較有效果的頻率。

朵：我以為那會是解決緩慢的一個方式。

妮：緩慢是規則的一部分，是法則的一部分。

朵：你現在可以看到在地球上的你。你事實上是同時在兩個地方嗎？

妮：對，你可以這麼說。我可以專注在某些特定的地方。不過情況要比這個更複雜。我總是存在於不同的地方。就**最高**意義而言，我同時存在於每一個地方。並沒有時間和空間。

朵：同時存在於每個地方的目的是什麼呢？

妮：那是要知道所有你需要知道的事。可以取得任何的資料。

朵：你一直存在嗎？還是你有一個起源，一個開始的地方？

妮：我是有一個開始。我正在找那個資料。我想這沒辦法解釋。那實際上是共同合作。我要怎麼解釋呢？那是另外的半個。我是半個，男性的能量只是半個。

朵：你的意思是男性和女性能量是在一起的？

妮：（她深吸一口氣）拜託，我需要一個更高的能量層級。（她深深地吸了一口氣，像是在調整什麼。）我正往上移動兩個層級。這樣我就能取得更多的資料。

朵：有些人在找不到形容的字彙時會給我比喻。

妮：對，但要在地球上找到能類比的很難。因為在地球，你們對從什麼都沒有的情況下創造出東西完全沒有概念。但就是這麼回事。我就是這麼誕生的，在靈魂上來說。我是被這個思想創造出來的。透過思想。我知道在地球上，你們會說你怎麼可能是透過思想創造出自己？你一定要先存在，才會有那個想法！

朵：或者有別的什麼必須先把你**想**出來。

妮：或許。

朵：嗯……如果這太複雜……

妮：不，這不複雜。只是地球層面還沒有這個資料。

朵：你的意思是它還未進入我們人類的心智。

妮：在這時候還沒有。這不會有任何意義。

朵：也許只要知道有些事情超越了我們的理解力就夠了。（是的。）你意識到這個名為妮可的存在體嗎？我們溝通的媒介？

妮：是的，我們是同一個人。我是她的一部分。

朵：你是她的一部分，但你們是分開的？（對。）你有用任何方式影響她的日常生活嗎？

妮：有。透過思想的傳遞。

朵：你會對她發生了什麼事感興趣嗎？還是你們是完全分開的？

妮：我對**我**發生了什麼事比較感興趣。

朵：那麼你為什麼會以地球上的實體存在著？

妮：在地球上能有特定的體驗。

這時，出乎意料的事發生了。這個存在體制止我繼續發問，以便能對妮可執行任務。妮可的身體呼吸得很深沉。接著，這個存在體說：「我正在把妮可移到下一個層級。那是她具有更多知識的部分。」

朵：下一個層級是在上還是在下？

妮：上。比原先的輕盈一些。這能幫助她在自己的存在中意識到不同層級的覺察，因為這也是整合的下一步。成長是將所有這些整合納入**最高**的層級。她常讓自己顯得較蠢笨，以便與周遭的人相處。在某種意義上，她是用愚蠢來掩飾自己的不耐。在實體層面上，她一談到靈性層面發生的事，就會引來別人輕蔑的反應。所以她覺得獨處有趣得多。假如她在公開場合改變形體，或是把時鐘變成一隻青蛙，別人將無法理解。這會令她沮喪且厭煩。（深呼吸）她必須把這些都抑制住。她會使用這些能量。她知道它們來自哪裡。她目前還不一定能信賴自己在這個實體化身裡對能量的掌控。這導致能量的中斷和阻隔。這是她不做這些事的原因。她不喜歡嚇到別人。她不想讓她的腳穿牆而過，不想讓她的手穿越牆壁，她不想創造東西出來；不想打開她的拳頭就有蝴蝶飛出去。

朵：她可以做這樣的事？

妮：她有這個能力。她知道。但她很害怕。這些事並沒有違反你們地球的物理法則。在意識上，她知道自己能做這些事。她不做是因為她不信賴其他人，不相信別人能夠理解，不信任他們的反應。她一直有這個能力，從小就有了。她小的時候還會改變形體。

朵：她會變成什麼？

妮：任何她想變的東西。樹木、水、松鼠。任何東西。

這跟本書其他章節提到的，那些能做常人以為絕無可能之事的案例很像。我從寫這本書開始，便接觸到具有變形能力的人，但他們通常不知道自己有這樣的能力，在旁觀者的眼中，他們會突然變得不太一樣。這些故事將收錄在《迴旋宇宙3》。就像妮可所說的，變形沒有違反地球和這個次元的自然法則。我們只是從小就被制約，以為人類的能力只能如何，以為有些事是我們做不到的。多年來，我一直在講述一件事：我們不瞭解自己的心智力量。我們（散漫）的心智力量一旦組織起來並變得專注（特別是和團體一起時），沒有什麼是我們做不到的。奇蹟是可能發生的。我們真的需要好好認識並接觸那個在我們內心的創造體。

第二十五章 能量體的創造

二〇〇一年九月十一日，紐約和五角大廈遭到的攻擊，是我們這個世界的轉捩點。我的工作也在同個時間起了變化；這是在取得資料和資料類型的轉折點。二〇〇一整年期間似乎都在上演這樣的事。那些存在體（或不論是誰）提供了更複雜的概念，這似乎顯示這個世界已經準備好要接受這些資料。我偶爾會渴望回到那些專注在前世和歷史研究的簡單日子，但事情已無法回頭。我再也回不去過去的日子，我必須不斷往未知和未經探索的形上學前進。

九一一攻擊事件後，我和女兒南西也被捲入機場的亂局。當時，我才剛在北卡羅萊納州的一場博覽會演講完，和女兒在一棟民宅過了一夜。早上起來後，我們收拾行李，準備去機場搭機，返家休息幾天。就在這時，女主人接到朋友倉皇失措的來電，要她打開電視，並說五角大廈剛剛被攻擊了。我驚訝萬分地說：「我的書裡有寫！只是諾斯特拉達穆斯說紐約也會被攻擊。」

女主人從另一個房間大喊：「你們最好過來這裡。兩邊都有！」我們驚恐地看著畫面來回切換，播放著兩個地點同時發生的事件。我們不敢置信地看著世貿雙塔倒塌，變成一堆瓦礫。過去十年間，我雖曾講述諾斯特拉達穆斯的預言，但那一直只是「可能的」情境。我真的以為那是我們能夠避免的事。現在，他的預言在我眼前實現，令我深受震撼。那些事向來總是「或許、可能、也許」，現在卻成了我的現實。

我和女兒南西知道，我們還是得去機場搭飛機返家，所以硬生生地把自己拉離電視。我們不知道接下來會發生什麼事，但在我們開著租來的車到機場的途中，聽到收音機上的新聞報導，美國境內的飛機全部暫時停飛，正在飛行的班機全被告知要立刻降落，而海外班機不是得掉頭往回飛，就是要降落在加拿大。美國從來沒發生過這樣的事，這個意涵與影響太驚人了。然而我們仍需先到機場一趟，才能知道該怎麼辦。

當我們抵達格林斯伯洛（Greensboro）機場時，那裡看來已經像是軍營或警方的搜捕行動。到處都是障礙物、警車和警察。入口被封鎖住了，我們也立刻被攔下來。看得出來警察個個都非常急躁和沮喪。他們對於正發生的事不比我們知道得更多。沒有人知道這場災難到底有多大。他們告訴我們沒有飛機可以飛，我們必須立刻離開。可是我們需要知道租來的車子到底該怎麼處理，他們很不情願地讓我們停車，進入機場。機場完全被遺棄了，感覺分外詭異。租車櫃檯的女子說，我們還了車就沒有別的車可以坐，因為不只所有的租借都停止辦理，就連灰狗巴士也全數停駛。整個國家緊急暫停。我看向南西，她說：「鑰匙還在我手上。我們去開車。」我們告訴他們，等我們回到阿肯色州的家後再還車。他們沒有與我們爭論，那畢竟是唯一合理的解決方式。我們開了兩天的車才回到阿肯色州。整趟路程都在無休止的電台播報中度過，感覺好不真實。

在精疲力竭地返抵家門後，我發現有好幾家電台留下訊息，希望我能立刻上節目談諾斯特拉達穆斯對九一一的預言。我的著作《與諾斯特拉達穆斯對話》，是唯一對這件事有詳細描述的書。我那個週末原定要在內華達州的拉弗林（Laughlin, Nevada）幽浮大會演說，隔天我接到大會籌辦人巴布．布朗（Bob Brown）的電話，他們非但沒有取消大會，反而決定無論如何都要照常舉行，並準備從科羅拉多州開車過去安排事宜。他們說，有些從歐洲過來的講者在飛行途中被迫返回，因此不克出席。沒有人知道這場大會會是如何，但他希望我能把演說的主題從幽浮改成諾斯特拉達穆斯的預言。他說就算我非得開車，也務必要到。由於我們才剛開了兩天的車返家，這個想法並不吸引我。然而，到了週六，在我們應該要出發的時候，已有很少的航班可以飛行，於是我們搭上了唯一一班飛往拉斯維加斯的班機。

大會的參加人數不如一般預期，但每個人都慶幸布朗沒有取消，否則大家都會坐在家中，黏在電視機前，一遍又一遍看著重播的恐怖畫面。大會至少轉移了我們的注意力，讓我們可以專注在別的事情上。那場演說是我做過最難的一場，因為我談的事情原本只是個可能性，現在卻成了現實。既然這個可能性實現了，那麼其他的恐怖戰爭預言又會如何？

（編注：預言只是可能性，它受到集體自由意志的影響，這是爲什麼保持清醒和覺察到自己的意圖和思想如此重要。)

那是個在許多方面都很怪異的一週。有趣的是，幾週前我在曼菲斯市（Memphis）催眠瑪莉時，「它們」才說我將得到更多不同類型的資料，過去對我關上的門現在要開啟了，而我會得到許可取得那些資料。在拉弗林的那一週，我做了十二場私人催眠。其中十場若不是包括未來的書裡要使用的資料，就是有給我的個人訊息（包括跟我的健康有關的事）。那些訊息常在催眠的尾聲出現，在我問潛意識是否有訊息要告知被催眠者的時候。潛意識不僅給個案訊息，也會告訴我需要知道的事。「它們」似乎越來越會利用個案的出神狀態提供我資料。

許多場催眠都發生了有趣的轉變。潛意識似乎是要讓我明白，對前世的探索已不如我以前認為得那麼重要。找出個案的生理問題、疾病、懼怕、過敏和業力原因，仍然是很有價值的事。但我相信掌控這許多場催眠的存在體試圖給我一個印象，讓我知道該是時候往另一層級的理解邁進，而那超越了僅僅是在這個次元重溫過去的人世。「它們」試著讓我們明白，我們不僅是具有肉身體驗的靈魂，而且還更崇高、更複雜得多。現世不過是我們旅程中的一站，而且不見得是最重要的一站。顯然，較高的理解層級認為，我催眠的對象已準備好要擁有這個知識，可以開始從不同的觀點和擴大的存在領域去瞭解他們的人生。有些人可能準備好了，但對某些人來說，這可能超過他們的信念所能因應的範圍。我在進行催眠時總是不斷提醒自己，只有當個案準備就緒，他們才會得到資料。如果個案的潛意識(監控者)認為他們還沒準備好，資料不是出不來，就是畫面會是一片空白。我知道「它們」比我更有智慧，所以向來都是順著情勢發展。

拉弗林幽浮大會的與會者傑瑞剛進入催眠狀態時，他的潛意識就絕對在做這個審查的工作。這位商人的潛意識似乎不確定他是否已準備好要看到資料。我不得不做一點巧妙的處理，才讓他獲得許可，得到資訊。

在一般的情形，我的技巧是讓個案從雲端下來，進入一個場景(他們最常發現自己是在戶外)，然後他們會開始描述周遭的環境。但這次的催眠卻不一樣。傑瑞發現自己在一條隧道裡行走。走到底時，一扇很大的門擋住了他的去路。他立刻描述那是一扇能量門，雖然他不知道自己為何會那麼說。他很好奇，想知道門的另一邊有什麼。我問他要怎麼打開一扇能量門，他回答是用心靈去控制。「我在試著消溶它，但只成功了一部分。下面的一角消失了，可是還不夠讓我通過。」他沮喪地宣布：「我過不去。我感應到自己還沒準備好。那些力量不讓我過去。」當他一這麼說，門就消失了。因此我推測他尚未準備好要看到門後的事物。潛意識在保護我們不被自己傷害這方面做得非常稱職，它不會容許傑瑞看到任何他無法因應的事物。我以為情況如此，但我錯了。

由於門已消失，我們不得不往別的地方去尋找適合傑瑞看的場景。我指示他找其他可以幫助他瞭解今生的地方。「如果它們不要我們走入那扇門裡，我們就不用過去。我們可以往別的方向，找到其他你能放心知道的事情，某個對你來說會有意義而且重要的事。」

我開始數數，帶他進入另一個場景，然後問他看到了什麼。令人驚訝的是，他發現自己身在一艘巨大的太空船裡。

傑：一艘很大的太空船，我感覺它是活的。它不是用鋼鐵或金屬製成的。

朵：活的？

我在調查幽浮時，聽到許多人說他們覺得自己搭乘的船是活的，而且不知怎地，太空船意識得到他們的存在。

傑：活的。太空船本身有意識。它有形狀，不過它們不讓我看，只給我看這間大房間。這裡面有一座花園。

朵：有花園在房間裡？

傑：（讚嘆）對啊！像是熱帶叢林，幾乎就像地球上的天文館。有植物，還有水。（他覺得這很吸引人）

朵：像是個大溫室？

傑：對！這裡有瀑布。這個地方好大。哈！他們有自己的地球。就在這艘太空船裡。有水。有植物。有……哈！動物。這艘船讓生物能夠在平靜的環境中旅行。

朵：如果有瀑布的話，天花板一定很高。

傑：你可以透視天花板。它是透明的。你可以看到星系。但這又是封閉的。它有自己的大氣層。

朵：那些動物和地球上的動物類型相同嗎？

傑：我們可以創造任何我們想要的動物。對，這是我們創造的。這是群體心智創造出來的。由在這艘船上旅行的這群。哈！有意思。

朵：你說這艘太空船似乎是用有生命的東西製造的？

傑：對呀，對呀，它有自己的意識。我們用群體心智創造了這艘船。我們可以隨著思緒去旅行；在一個讓我們感到安適的環境裡。就是這樣。

朵：像是把星球的一部分帶著走。

傑：是啊。我們會把一些最好的回憶帶著走。就是這樣。這就是我們做的事。這樣子旅行愉快多了。

朵：這只是太空船的一部分嗎？

傑：我們創造活生生的起居間。我們能夠和它們說話。我們能夠和它們溝通。它讓我們能夠旅行。

朵：與起居間溝通？

傑：啊，是跟那個能量溝通。這艘船本身是活的。我在試著看我們是什麼樣子。（他覺得這一切都很驚人和有趣，非常樂在其中。）好，我們是能量。我們全都是能量，可是我們想要什麼形體都可以創造出來。我們可以創造任何形狀、大小和次元的身體。一切都在意念裡。

朵：如果你們是純粹的能量，看起來是什麼樣子呢？

傑：（停頓，似乎在尋找）我們能夠改變顏色。各式各樣的紫色。（笑聲）這就像場遊戲。我們為了玩遊戲而改變顏色和能量。

朵：你有形體嗎？

傑：我們要選什麼形體都行。（驚訝）哈！我們可以變成球形、正方形、三角形。我們可以變成動物的形體。這就像是一場大型遊戲。我們是各自獨立卻又彼此連結的意識。

朵：你平常是什麼形體呢？

傑：只是能量。意識能量。看起來像是一種波，波浪形的能量。

朵：可以為了只是玩遊戲而變成任何形體？

傑：對啊。（笑聲）真想不到！

朵：那麼你們為什麼要創造這艘太空船？

傑：我猜是因為我們喜歡這個幻相。我們集體用這種方式旅行。我們創造出這艘太空船，還造瀑布，放幾座湖進去，還可以放魚。我們可以改變……現在變得光芒四射了，色彩非常明亮閃耀，散發著磷光。

朵：是那些生物的顏色？

傑：對啊，在那些動物的周圍。我們還可以放蝴蝶進去。放蜻蜓。放鳥進去。真是驚人。這是用我們的心智創造出一個地球，只不過這是艘太空船。

朵：你們是在創造和你們來的地方很像的東西嗎？

傑：我們去過很多地方。對那些我們喜歡的東西，我們能夠用團體的心智帶進來，與彼此分享。所以為了自娛娛人，我們會帶進來很多東西；我們去過的地方的回憶。

朵：那是實體，是密實的嗎？

他沒有回答。他正在享受自己看到的東西。

傑：好，那些是金字塔。

他開始有韻律且優雅地在空中擺動雙手。

朵：你在做什麼？

他停頓了很久，不斷在空中舞動他的手。

傑：我們在創造。

他非常地樂在其中，表情顯露出純粹的至喜。他又停了很久，享受他正在做的事。

朵：你們在創造什麼？

傑：世界。星球。次元。星系。（笑聲）我們出去旅行，而且我們在創造。（一臉喜悅）

朵：但你們的母星是怎樣的呢？

他在享受，真的不是很想講話，但終究還是回答：「是用團體心智創造的。不是一個個體。是團體心智完成的。」

朵：你們必須全體一起行動？

傑：對呀，就像是一個一起創造的靈魂家族。我們運用我們的心智，創造這些美麗的宇宙、星星，就像是個遊戲。我們是大家一起做的。

他再度優雅地移動雙手。

朵：你們的母星是個實體的世界嗎？一個密實的世界？

我和能量體談話的經驗已算豐富，因此知道不是所有的世界都是實體，或如我們對這個世界的認知那麼密實。有很多挑戰想像力的可能性。

傑：不，不，它不是。它是不同的次元。不在你們的次元裡。它有不同的形體、形狀、顏色。它並不密實。它在不停地改變。它是變化的形體、符號、形狀和顏色。

朵：你們不論是住在太空船上還是在母星，必須食用任何食物或物質嗎？有用什麼東西維持生命嗎？(沒有，沒有。)那麼你們靠什麼維持生命？

傑：就是能量。如果我們決定要有身體，是可以創造和擁有一副身體。我們透過思想旅行、探索和創造。我們用心智去到許多不同的地方。這是個遊戲。就像是小孩子在玩耍。

朵：但你們離開以後，創造出的東西還會留存下來嗎？

傑：在某些次元會分解。在某些次元會變成實體。我們在較低的次元能做出實體的東西，在其他的次元就只是符號。原始的能量會以不同的形狀和形體呈現。

朵：它們不會保持實體？

傑：不會，不過我們可以讓它是實體的。

朵：我以為那是像全息圖，也許在你們玩完後就會消散，消失了。

傑：我們可以去已經形成的星球。我們可以下去。我們可以和任何我們想成為的事物合而為一，像是樹木和動物，然後體驗它們。用心，用意念。我們可以把我們的能量帶入那些生物，那些堅實、固態的形式。這就像個遊戲。像孩子（玩遊戲）一樣。

朵：但你們不會留在那裡？只是去體驗？

傑：對，我們只是去體驗，然後繼續團體行動。我們是團體旅行。

朵：可是你們被允許進入別的物體和東西？（是啊。）我想的是，動物和人類是有靈魂的。

傑：我們有靈魂。是啊。我們有靈魂。

朵：但你們被允許進入一個已經有靈魂的身體裡？

傑：要得到許可。對。

朵：因為它知道你們不是要入侵或留下來。你的意思是這樣嗎？

傑：對。只是去體驗。我們不入侵。我們尊重那個靈魂。我們必須得到許可。

朵：你們只是體驗，然後就會離開。

傑：是啊。這是跨次元的。我們能夠進入所有的次元。

朵：這是否表示你們很先進？

傑：並沒有可以描述的字眼或概念。就只是知曉。

朵：我的意思是，你們曾體驗過較低的生命，然後才進化到現在這個狀態？（沉默了很久）你們是否有過肉身的轉世？

傑：有啊，我們如果選擇有肉身，便會有肉身。

朵：我想瞭解這是怎麼回事。你們是在完成其他生命和業之後才進化到這個狀態嗎？還是這是怎麼運作的？

傑：這是一個特別的星球。

朵：你們來的地方？

傑：我們現在在的地方。（咯咯笑）地球。這是個特別的星球。它是其他靈魂、其他領域和其他次元的團體的聚會場所。這裡就像是個來度假的地方，和來自其他領域、次元的靈魂團體聚會。

朵：地球和其他你們去過的地方都不一樣？

傑：是啊。我們全都是來這裡體驗。這是個特殊的地方，一個靈魂的聚集場所。這是最棒的。每個人都知道這裡。

朵：地球哪裡不一樣？

傑：它的愛的能量。

朵：喔，其他地方找不到嗎？

傑：不像這樣。這是造物主的入口。連結。它（指地球）體驗到一**切**。

朵：這在其他地方是不可能的事嗎？

傑：可能，不過和這裡不同。有點像是地球上的香格里拉。（笑聲）唔，這裡就**是**地球。

朵：我以為你們必須得到許可才能創造。

傑：我們是得到了許可啊。源頭，偉大的造物主，祂體驗……透過我們體驗。

朵：你們可以被稱為共同造物者嗎？

傑：可以，當然。

朵：你們得到許可創造，但你說有些會消散。

傑：那就像是畫一幅畫，然後在畫上再畫另一幅。你可以擦掉或是覆蓋，**改良**，重新創造。

朵：你的意思是，那是不斷改變中的東西？

傑：是可以的，對。

朵：如果你們在地球上創造了什麼，它會留下來嗎？

傑：在地球上會，但地球也在改變。地球是一個團體意識。

朵：(他又比劃著優雅的手勢)你一邊和我說話，一邊比的這些手勢，是在創造什麼嗎？

傑：我在努力回想。

朵：想起怎麼做嗎？

傑：想起它代表的意義。

朵：(我看著他不斷比劃著優雅的動作)這些手勢是創造時一定要有的動作嗎？

傑：這是透過身體在作用。正在喚醒身體。有意識地想起。我想我那時不應該知道的，不該憶起。是啊。所以才有那扇門。

他指的是一開始他無法消除的能量門。當他不被允許進入時，他認為資訊被封鎖了，但顯然潛意識找到別的方式給他這個知識。

朵：既然已經沒有了阻礙，一定是時候到了，不然你不會被允許恢復記憶。（是啊。）這代表它很重要。不過，就算你想起來是怎麼做的，你也需要團體，不是嗎？

傑：是啊，團體很重要。

朵：你不能自己做？

傑：我不想。一起創造是這個經驗的一部分。一起享受。獨自一個好寂寞，所以我們都是團體行動，享受彼此的陪伴。（咯咯笑）我們會取悦彼此。那是團體意識的一部分，就是我們能取悦彼此。我們不覺得無聊。改變和創造是接續不斷的。讚美其他人的工作也是。其他的靈魂，其他的創造者。我們會去已經被創造出來的地方。就像是欣賞一幅畫。我們很喜歡那些地方，看看其他人，其他靈魂，都創造了些什麼出來。

朵：這樣你們就不會被困在身體和業裡了，不是嗎？

傑：要的話也是可以。這都是遊戲的一部分。樂趣的一部分。盡可能地多體驗不同的事物。

朵：可是在你現在的地方，你並沒有造業，不是嗎？

傑：在太空船上我沒有。不過我是會有業力的。體驗有不同的方式。你可以以有形體的方式去體驗。

朵：是因為你和其他人互動，所以才會造業嗎？（是啊。）我想瞭解這是怎麼運作的。

傑：其他團體也來到這個區域一起互動。他們選擇要有形體，便創造了形體，然後玩這個遊戲。這全都是遊戲的幻相，但玩這個遊戲很重要，我們因此而體驗到愛與情緒，還有視覺、味覺，所有別的地方找不到的感受。這是非常獨特的。

朵：你的意思是在其他地方，尤其是你的母星，那裡並沒有情緒？

傑：有些有啊。有些有，有些沒有。有些只是原始的能量。形狀、符號。地球因為有很多變化，所以獨一無二。因為這裡是個聚集地，不是單由一個團體形成和創造的。它是由許多團體形成和創造，所以才這麼獨特。它是萬有加上萬有。（咯咯笑）就像是幅團體畫作。

朵：他們全都和地球有關？（是啊，是啊。）但為了來到這裡，你們必須搭乘太空船，必須在某種被包圍的狀態。

傑：是啊，這是為了讓團體不要分散。

朵：你們不能以能量的形式旅行嗎？

傑：可以啊，如果我們想要，可以脫離團體，自己離開。但我們可以與團體重新連結，因為我們始終都保持聯繫。我們能以光球的形式旅行，去到不同的地方。有時獨自一個，但通常都是和親近的朋友靈魂同行。

朵：如果沒有把你們創造的東西圍繞起來，就無法把團體維繫在一起？

傑：是的，團體的概念就是這樣。

朵：如果你們沒有把能量聚集，它就多少會消散嗎？

傑：是啊，會的。所以我們選擇匯聚為一個團體，一起旅行。

其他能量體和我談話時，也跟我說過同樣的事。我原以為它們若是純能量，應該能自行旅行到各個地方。為什麼還需要太空船呢？它們告訴我，唯有這樣才能把它們的能量維持在內，不然能量會分散，與周圍其他的能量混在一起。其他人也跟我說，地球被視為一個度假地，存在體會來這裡體驗各種情緒和經驗。它們想要冒險，然後回「家」，所以要小心不能過於深陷在體驗裡，以免造業而無法離開。這些訪客大多必須保持客觀觀察者的立場，但這很困難。

朵：你們把太空船變成任何你們想要的樣子，在旅行的途中創造樂趣。

傑：對。那就像是個娛樂中心或觀看一台巨大的電視，只不過是由我們創造出來的。做不同的事就是遊戲。有時候創造，有時候享受別人的創造。但地球很特殊，跟源頭有很強大的緊密連結。

朵：為什麼你們認為它有強大的緊密連結？

傑：它就像是神的心臟，我想這是最好的說法。我們類人者眼中的神或所稱的造物者的心臟。但那只是在實體層面。我想也許在我們心裡，那（指地球）是我們過去所創造的，對源頭的創造。

朵：你們對源頭的認知是什麼？

傑：我們就是源頭。我們是源頭的一部分。它就是能量，是思想，它能呈現形體，也能與我們連結。

朵：你們因為沒有肉身，所以較能感知到源頭嗎？

傑：是的，我們意識到。我們知道。源頭就在這裡。我們可以與它調頻。融入它。

朵：地球因為多樣化，所以比較接近源頭？

傑：這是因為靈魂聚集的關係。所有的靈魂。這是源由。（地球是）連結點。像是銀河家族的團聚。這裡有很大的吸引力。

他又做出這次催眠中不斷出現的優雅手勢。

朵：（輕聲笑）看來你們真的很享受這個創造經驗，不是嗎？

傑：經驗，是的。

朵：你們會離開母星很久嗎？

傑：我感覺不到母星。我只感覺到我去過的許多地方。

朵：沒有一個你想回去的地方嗎？你喜歡到處旅行。

傑：對，我感覺不到一**個**地方，沒有一個起點。（停頓）我想看看是否有一個那樣的地方。

朵：你的**來處**。

傑：對。曾經有過形體。但一開始是無形的。只是能量。

這和聖經裡的描述不謀而合：起初，神創造天地。地是空虛混沌，淵面黑暗。神說要有光，就有了光。（創世紀 1：1-3）

朵：可是你說你有個別的個人靈魂。

傑：對。那是一種瞭解，一個連結。是區分，卻也是（源頭）其中的一部分。那是個連結點。雖是意識、覺察，但也是分離。個別的靈魂和源頭有著連結，但也與源頭分離。

朵：而源頭想要體驗。

傑：對，對。我看不到它（指源頭），但它無處不在。它是我們的一部分。

他仍比劃著手勢。我想在這個場景停留得久一點也無妨，但我快沒問題可以問一個忙著享受創造的能量體了。我決定做我平常做的事。我讓他的那一世前進到有大事發生的日子，雖然我不知道對一個非肉身的能量體來說，怎樣的一天才算是重要的日子。

朵：你看到什麼？發生了什麼事？

傑：耶穌誕生。

朵：喔？跟我說說。你在旁觀嗎？

傑：從上面往下看。

朵：你看到什麼？

傑：（停頓）那是種感受。一種感覺。我看得到，但它是個感覺，很美的感覺。這是非常特殊的事件。我不確定為什麼，只知道是特殊事件。非常特別。我正由上往下看。

朵：你周圍有別人嗎？

傑：有，大家都在。這是非常美好的時光。我在觀看，我想要瞭解。我不確定為什麼這件事這麼重要或特殊。好。這是用非常特別的方式創造出的愛的能量。你可以體驗到。它非常特殊，是跨次元的。許多次元都需要。我們都在這裡。大家聚集在一起。我們可以透過地球生物的靈魂去體驗，也可以從上往下觀看。好特別。

朵：你說那就像是愛被彰顯？

傑：對。用地球那種區分為男性／女性的二元方式。這是神在進入男性／女性，而且是從較高的源頭而來，從源頭而來。好特別。從這個觀點，我們能由一個更大的全局去看。這是很關鍵的事。

朵：為什麼關鍵？

傑：我不知道。我想對地球來說很關鍵，不是對我們。和我們無關。這是對這個星球而言。為什麼特殊？就是愛。是用一種未曾被體驗過的方式把愛帶到地球。以人類的形式，卻又超越了許多次元。影響到地球的許多方面。像是個門户。

朵：門户？這是什麼意思？

傑：我正試著瞭解。我不知道為什麼。那是個靈魂的連接點。存在體。天使。它把所有的存在體，所有的創造都吸引到那裡。那是個體驗愛的地方，體驗用特殊方式創造出的愛。

朵：這是為什麼大家都被吸引過來觀看。他們想要體驗那種感受？

傑：對。有天使。有外星人。不同的種族。他們都在體驗。這……（激動）沒有言語可以形容。就是很特殊！

朵：他們只是想在場體驗那個感受和情緒。

傑：對，情緒。

朵：對，那是特殊的，不同的。嗯…雖然是非常重大的一件事，一個特殊事件，但我要請你離開那特別的一天。我要你移動到——我不知道會是往前多遠——我要你移動到你不再是能量體的那個時間點。

通常我會引導個案到那段生命的最後一天，也就是死亡那一日。但能量不像肉體會停止存在，我認為他沒有死亡的可能，只得試著用別的字眼描述。

朵：你有沒有覺得需要停止當個能量體，變成另一種生命的時候？（要想出措詞真是困難）

傑：我有過很多世的生命，很多世。

朵：我在想，能量體並不會死，它只是**進化**。這樣說可以嗎？

傑：比較像是去體驗不同的概念。

朵：那麼讓我們移動到身為能量體的你，決定進入肉身並待下來的時間點。我們可以到那個時候去看看發生了什麼事嗎？情況如何？那時發生了什麼事？

傑：我選了我想要體驗的。

朵：你決定進入肉身，當個有肉身的存在體而不是能量體？（是的。）發生了什麼事讓你決定離開能量的形態？

傑：那是個新的體驗，是我們選擇要有的體驗。有人創造了這些形體，所以我們決定去體驗。不是我們創造的，不過很引人好奇。

朵：你們認為變成肉身的存在會很有趣？

傑：如果我們這麼選擇，就有可能變成肉身的存在，對。但有其他人在監督靈魂。這是要得到許可的事。

我要找的就是這個。我從多年來對數千人的輪迴調查中得知，輪迴有明確的規則和制度。靈界有個像是長老會的組織，負責掌管、引導、監督和控制投生進入人體的事宜。沒有什麼是偶然。我很慶幸有人在追蹤所有發生的事。這想必是個龐大無比的工作。

朵：所以你們不是隨便去做。必須得到許可，才能進行這個轉換，這個改變？

傑：對，對。要能夠退出。（笑聲）你可能會想留下來。有方法可以釋放靈魂，讓他們退出來，以免困在這裡太久。一個進入／退出的程序。

朵：你們認為會很容易就被困在這裡？

傑：有這個可能。我們要能退出才行。太多要體驗的事。不只是到這裡而已。還有其他的事情要做，其他的事情要去體驗，其他的事情要去創造。我們不想被困在肉身裡。

朵：可是要有別的存有給你們許可。

傑：對，有一些像是掌管事情的存有。對，那些監督者。

朵：那麼可以說有人在掌理著所有的事。

傑：對，對。我想看看他們長什麼樣子。他們有自己的太空船。對，他們有連結，是源頭的一部分，掌管著這個星球。

朵：能量和靈魂必須先得到他們的同意才能進來？

傑：對，否則會很混亂。有控制好的順序和目的。一定要有目的。

朵：所以，你第一次進入肉身是什麼情況？

傑：新的感受，新的情緒。一個新的體驗。我看到許多不同的形體。許多不同的身體？

朵：嬰兒還是什麼嗎？新的形體？新的身體？

傑：最初，我們只是體驗進入不同的植物和動物。

這與我在《生死之間》寫的事情相符。靈魂第一次到地球來體驗生命時，通常不會一下子就進入人體（不過我想這也不無可能。）靈魂必須先從基本的開始，如此才能瞭解身為**萬物**的感覺。一旦你有過身為氣體、岩石、植物和動物的經驗，你會瞭解**所有**生命的連結性。萬物都有生命，萬物俱為一體。然後，這份瞭解會留在靈魂層次，隨著靈魂一起體驗人類身體。我們現在這個世界的問題，需要我們把這些記憶帶回到意識層面，好讓我們能夠再次尊重地球也是個活生生的存在體。

傑：那是誕生過程的一部分。要進入一個形體。形體選好了。它被創造出來了。

朵：是監督者決定你要進入哪一個嗎？

傑：對，但是是共同決定的。事先就決定好你想體驗些什麼，哪一種生命形態。困難在於你會被困在一個形體裡。受困在一個形體對靈魂來說是很難受的。那是非常侷限的。有些靈魂就因為不想放棄自由，所以選擇不這麼做。對某些靈魂來說，這很嚇人。那是未知，是較低的振動，有我們不曾體驗過的事物，還有黑暗的能量。你知道，有黑暗的一面。那是為了讓我們體驗到新且不同的事物，所以才會存在。這是獨特的。我們因此能接觸到黑暗的一面，黑暗的能量，較低的振動。對，對某些靈魂來說，體驗黑暗面是很有吸引力的。

朵：你是進入一個嬰兒的身體裡嗎？一個剛剛被發育出來的新生命？

傑：我看不到形體的模樣。

他似乎不是很自在，像是感受到不熟悉且有點痛苦的事。我因此提醒他，他是自願要有這個體驗。監督者一定認為這是對的事，才會允許事情發生。

傑：不錯。這是我期望的事。

朵：跟你的期望相同嗎？

傑：對，因為我們還是有某種程度的掌控，某種程度的意識。在那個形體裡，我們仍有自己的意志。所以，還不錯，挺好玩的，是值得期待的事。這是個挑戰。是跟我們熟悉的創造不同的類型。而且有個形體。

朵：一旦進入身體後，你還有那麼多的掌控嗎？

傑：我們仍然有心電感應。我們仍然能與另一界聯繫。但我們來這裡是要體驗，一如其他朵：你能影響你現在這個肉體的意識嗎？選擇同樣時間過來的人。

傑：可以。只是沒有太多覺察和創造的能力。有法則。有些事情是設定好的，我們必須遵守。

朵：某些規定？

傑：對，這是誕生和成長的過程。在進入身體以前就必須同意遵守，還要同意這個程序。不過，是團體的能量維持這個形體不散。這不是單一一個靈魂的經驗，而是一整個團體的經驗。

這與靈魂是一個團體而非單一存在體，而且會同時體驗到許多事物或生命的說法一致。（請見後面幾章）

朵：進入這個肉身時，你必須同意哪些規定？

傑：不違反物種的現有發展、呈現出一個動物的形體。然而有動物沒有的意識。一種覺知。但很多都封鎖住了。我們原本意識得到彼此。

朵：在另一個層次？

傑：對，意識到其他人類。他們的靈魂還沒進入肉身前，我們是意識得到的，但現在比較難和他們溝通。在一個很受限的形體裡很怪。不過又像是在玩一個新的遊戲，操縱身體，形體。

朵：你以後能輕易地脫離身體回去嗎？（可以。）關於這個有什麼規定和規範嗎？

傑：有，有特定的時間架構。持續性。最初，你不知道自己要做什麼。你只是去體驗，（體驗）當下。並沒有課題。

朵：沒有業。沒有課題。只是一個新開始。

傑：沒錯。就像是有一塊新的石板要畫……不論你是要體驗什麼。

朵：但你免不了會累積業？這是否是進入肉身就會發生的事？

傑：我試著瞭解，我……喔，我不懂。我想瞭解業是什麼，或者為什麼……我看不到。我感覺不到。

朵：也許這是經過一段時間才有的事。

傑：我無法瞭解。

朵：無論如何，你同意進入肉身一定的時間。（對。）並且遵守特定的規則。這是不同類型的經驗，不是嗎？

傑：對，很受限。那些情緒，**全部**都是情緒，所有的感受。不過這裡有愛。愛還在。愛的能量很令人安心。那是與源頭的連結。

我認為從共同創造的能量靈魂第一次進入人類肉身去體驗的有限觀點，已經無法再挖掘出更多資料。最主要的問題似乎是不要造業，以免靈魂被綁在地球領域，無法恢復成自由、無限的創造性存在。這也許就是我們所有人最大的問題。我們來這裡體驗以為會是新鮮且令人興奮的經驗，結果卻被生活牽著走，被困在身體裡，因為因果法則和為了平衡業力，而一再地返回地球。要釋放靈魂回到源頭，首先必須瞭解靈魂為何一開始會來到這裡，然後放開那些束縛和牽累。這大多可經由償還過去的業，以及努力不要造新的業做到。因此要先瞭解，才能得到釋放。

我請另一個靈體的能量回去它的歸屬，由傑瑞的意識取代。然後我要求和傑瑞的潛意識對話。我知道所有的答案都在那裡，這也是我能應用療法，找到個別問題的對策之處。我一與潛意識聯繫上，就問它為什麼讓傑瑞看到那奇怪的一世，畢竟有很多世的生命可以選擇。

傑：好讓一切有意義。讓他看到全局。

朵：給他一個不同的概念去探索，是嗎？

傑：是的。那是他在另一個層級上瞭解的事，在他內心裡，只是他的意識不知道。現在他知道了。

朵：起初他以為他不被允許看到。就好像資訊被封鎖住了。

傑：對，他只看到了部分。但後來資訊被釋放出來。

朵：這和他的今生有什麼關聯？

傑：安心和瞭解。有一個目的，一個連結。瞭解這個星球，還有它為何這麼特殊。瞭解如何操作能量。關於團體，團體心智。這和團體心智有關。傑瑞在還不是很明白的時候，就已經在操縱能量。

朵：所以這是在跟他解釋他能怎麼操縱嗎？還是操作的力量來自何處？

傑：是的。要透過心去做。心很重要。

朵：潛意識想給他看什麼？

傑：全都是能量，只是為了不同的目的，能量會以不同的形式去體驗不同的事物。沒有對錯。只有體驗。只有創造。沒有評斷。只有喜悅。**那是創造的喜悅**。與團體和萬有共同操作創造，操作／運用能量。萬有就是創造。

朵：潛意識讓傑瑞看這個，是為了讓他能在這一世使用？

傑：對，他察覺到了。

朵：他想知道他今生該做什麼。你能告訴他嗎？

這是來催眠的人最常問的問題。他們的生命有什麼目的？為什麼他們會在這裡？他們又該做些什麼？

傑：（輕聲笑）他拿到的是一張空白畫布，還有筆刷和調色板。什麼顏色都有。（笑聲）
朵：這是不是表示從現在開始一切都有可能？（他咯咯笑）他將會有一場精彩歷險。
傑：什麼顏色都有。
朵：這是今天要給他知道的重要事情。所以比起瞭解這個能量的連結，前世並不那麼重要。
傑：對。有趣的是，那是團體的畫布，還有別人也拿著筆刷。（笑聲）
朵：喔，隨著傑瑞探索人生，他將會有一些奇異的冒險經歷。對他來說，看到這些畫面，並且試著去瞭解，都很重要。

接著我便讓傑瑞完全清醒。他醒來後，我們對這場不尋常的催眠討論了一下。他同意他將有很多事情要思考。對他而言，瞭解如何把操作能量的概念運用到商業領域會很有趣。看來，只要能瞭解用法，沒有什麼是他做不到的。

我現在做的許多催眠都是在幫助個案發現他們真正的靈魂連結，而非探索前世。瞭解前世對今生的問題仍有其重要性，但顯然潛意識以及我們在「另一邊」的指導者和專家認為，該是時候對我們的根源有更多的瞭解了。我們的起源肯定不僅在地球，還有一個遠為浩瀚的地方。在那裡，我們與源頭曾為一體，並且快樂地協助祂創造。我有一本書提到，在進行某次催眠時，我被告知活在肉身裡最重要的一課，就是瞭解我們能操控能量。只要意識到這一點，不論你生命中有些什麼渴望，都能被創造出來。我想，提醒自己有這個能力的方法，就是回溯地球之前的時光，憶起曾有一度，我們都能操控能量，進行創造。

★　★　★

為了體驗肉體生命，靈魂分裂為碎片或片段。當靈魂碎片意識到它的整體，專注在它身為的能量生命時，它想創造什麼就能創造什麼。而當靈魂的進化超越了這點，更可以同時存在於許多地方。雖然我們每個人都有這個能力，但我們並沒有意識到，而且只要繼續棲息於受限的肉體裡，便無法有那樣的覺察。在那樣的高等狀態中，靈魂是無所不知、無所不曉。即使如此，從我的工作可以得知，靈魂偶爾還是需要分裂，離開它高度渴望的狀態，專注在單一的體驗上。這是個持續的週期循環？還是為了搜尋更多的知識？一如我們已經看到的，靈魂若對它的較大自我有部分的記憶，在意識層面就會感到沮喪、寂寞和分離。雖然潛意識知道原因，但意識並不知道，因為意識必須保持注意力和聚焦在當下的生活，要不情況只會令人困惑。

第二十六章 創造體返家

以下這場催眠發生於二〇〇二年十月，我在明尼亞波里斯市進行一系列演說和工作坊期間。喬治到我當時借住的民宅來找我。他是位成功的商人，但出人意料地，他的催眠揭露了類似傑瑞（上一章的個案）的創造體的另一個面向。

當喬治從雲端下來，他只看見一望無際的沙子。他知道山丘的另一邊有些人在等候他給他們某類答案，就好像他是個顧問。然而他卻覺得沒有把握，不確定自己是否真有答案。他描述自己是個古銅膚色的黑髮男子，穿著薄亞麻材質的衣服。他還佩戴許多黃金飾品：一個古埃及的生命之符項鍊、手鍊和一個大戒指，這些毫無疑問是某種權力的象徵。然而，當我問他問題時，他變得很猜疑，不想回答我的問話。我通常很快能得到存在體的信賴，但他卻很謹慎警覺，而且煩躁。他不停地說，每個人都想從他身上得到什麼，我又為何會是例外。

他說他的世界最近簡直令人難以承受。他會這麼沮喪的原因之一，在於他的姊妹離開或被帶走了，而他非常思念她。他說他感到非常失落又孤單，因為她一直以來都在他身邊，現在卻不在了。他不知道他們為何要分開他們，也不曉得她被帶去哪裡。我對這一切一頭霧水，只能試著釐清狀況。我問是誰分開他們，他說是從其他世界來的人。不是山丘另一邊的人，那些人只是一般人。這些人是從別的地方來的。他不知道為什麼會發生這種事，也不知道她去了哪裡。

喬：當我們重聚，事情將會變得非常棒。以前一起時，我們有巨大的力量和能力，還創造出美麗的香格里拉，一個壯麗的環境。以前我們在一起時，那是個完美的世界。他們分開了我們。他們把她帶走，讓事情不再完美。讓事情變得困難，不那麼容易。而且不那麼容許失誤。我和她原本能固定住一個絕佳的……我們能聚合所有美麗、寧靜態的……事物。我們本是一體。他們意識到只要把我們分開，情況就會變得不同。他們對了。

朵：為什麼他們想讓情況不一樣？

喬：為了實驗。

朵：他們是怎麼帶走她的？

喬：就這樣拔走。就好像神祇們把她拔了起來，把她帶走。

朵：你的意思是，她前一分鐘還在，下一分鐘就不見了？

喬：對。我們也住過別的地方。很多地方。很多不同的世界。只要我們在一起，世界就很完美。

朵：為什麼你們去那麼多地方？

喬：為了協助。帶去……那個字是「涅槃」（nirvana）（譯注：佛教涅槃，亦可稱爲極樂世界／天堂，一種完全自由、超脫、寧靜的境界。）……帶來涅槃。我們這麼做後，就會再去別的地方。

朵：你們離開後會是什麼情形？那裡的美仍舊持續下去嗎？

喬：有些有，有些沒有。有些往不同的方向演變。這一個很重要。就是我現在在的地方。

朵：為什麼這個重要？

喬：（深呼吸）善良。邪惡。黑暗。光明。真不習慣這一切。

朵：你的意思是這裡有不同的變化？相對的東西？（是啊。）你把美麗事物帶過去的其他地方並沒有這麼多樣性？

喬：算是吧。（他變得激動，幾乎快要哭泣。）

朵：我知道你很激動，但如果我們談談，也許能找到你的姊妹。聽起來她幾乎是你的一部分，不是嗎？

喬：一直都是。

朵：你們是怎麼從一個世界旅行到另一個世界？

喬：就這樣去了。就像是一艘可以隨意運輸的巨船。

朵：是實體的東西嗎？

喬：對，如果我們想要的話。

朵：有任何人告訴你們要去哪裡嗎？

喬：我們的父親。父親會告訴我們去哪裡。

朵：你們對父親的感覺是什麼？

喬：明智。有智慧。

朵：他是個有身體的人嗎？（對。）他怎麼和你們溝通？

喬：很久沒有了。他教我們很多事。

這就是我所能發現有關他父親的所有資訊了。他很沮喪，而找到姊妹是他最主要的目標。談到他姊妹時，他哭著說：「我必須找到她，那是我要做的事。我非找到她不可。她是我的一部分。」

這個情況似乎沒有什麼進展，我越來越困惑，於是決定指示喬治往前移動，看看他後來有沒有找到他姊妹。

喬：她跟父親在一起。是另一個世界的人把她帶回去的。也許他們是想要我自己成長。

朵：也許他們不想要你那麼依賴她？

喬：對，但我沒有我們在一起時那樣的力量了。（激動）

朵：他們想知道你能否獨自一個人做，所以把你們分開？

喬：大概是這樣吧，但是（激動）我認為他們也不喜歡我們在一起的力量。

朵：可是你們做出美麗完美的事物。

喬：對，我們是啊。但他們不喜歡。事情太簡單了。沒有考驗。就只是美好。沒有考驗就沒有課題（情緒激動）。我們早知道了。

朵：他們想要事情變得比較困難？（對，對。）

我直到在挑選將哪些催眠納入哪個章節時，才意識到這次的催眠和傑瑞那次有多類似。他們似乎都是創造體。傑瑞提到和別人一起創造比較好玩，而且通常是和一個團體共同創造。喬治喜歡和姊妹一起創造。兩人分開，創造就會減弱，沒那麼有效益。不過，就如他說的，事情已經變得太容易了。已經沒有挑戰，沒有課題和考驗。我接著引導他前進到一個重要的一天。

喬：嗯……我老了，好像變得比較有智慧了。發生了很多變動。

朵：你還在那個美麗的地方嗎？

喬：離開了。我在這裡是個老師。我有一頭長髮。仍舊穿著愚蠢的長袍或之類的衣服。有鬍子。

顯然我讓喬治往前移動時，他進入了另一世。

喬：我不會受傷。不會發生這種事。

朵：你的意思是你是受到保護的？你沒有創造更多美好的地方了？

喬：我在這裡只是和**這些**人分享資料。這是我的新工作。

朵：你說發生了變動。你是指什麼？

喬：現在還是啊。人們**真的**很努力地在整理頭緒，集思廣益。我在這裡，只要他們想，我會給他們建議。還有，我是個怪人。

朵：為什麼？

喬：因為他們知道我在這裡，也知道我不會受傷。他們知道這很重要。就像他們是肉體的，但……有意思。啊！（恍然大悟）我坐在綠洲旁。在一座城市邊。這裡有水，有綠樹，算是沙漠吧。城市的人會過來跟我說話。我是自己一個人，完全只有我自己。一直都是如此。

朵：你說他們是肉體的是什麼意思？你說那很有意思。

喬：對。邊緣有點粗糙。

朵：跟你不一樣？

喬：噢，不一樣。是年輕的種族。

朵：這裡和你之前在的地方是同一個世界嗎？

喬：不同的。有點好玩。我變老了，非常老，但不會受傷。

朵：可是如果你是肉體，還是有可能會發生什麼吧？

喬：我不會有事的。

朵：我在想的是，當你的生命到了終點的時候。

喬：當我想要離開的時候。當我準備好的時候。

朵：可是你現在做的工作跟有姊妹在身邊時是不同的類型。

喬：是的。我又變年輕了。真有趣。這是小孩的遊戲。很容易。

朵：但那不是你們倆人合併的那個力量。

喬：沒錯。我也為她感到難過。

接著，我將喬治帶到他那一世的最後一天，這樣我們才能發現他後來怎麼了。

喬：我坐在一張椅子上。我望向四處。該是離開的時候了。我這一世在這裡的事情已經完成。完成了我的工作。完成了來這裡要做的事。我得走了。我坐在那張椅子上，等著離開。我計數著所做的一切，所有的備忘單和刻寫板。我準備好要離開了。

朵：你離開時是怎麼個情形？

喬：（平淡不帶情緒的口吻）就離開了。

朵：身體怎麼了？

喬：它留下來。我只是離開它。竄了出去。

朵：當你離開身體時，你看到什麼？

喬：嗯……就像我是在看一齣舞台劇。在看一個電影製片廠還是什麼的。我看到所有東西，所有的場景。那些我留下來的東西。

朵：你留下的就像是齣舞台演出？

喬：是的。我在它的上方。我現在在往下看，看到身體還坐在椅子上。然後我轉個身，它就不見了。

朵：你要去的地方看起來是什麼樣子？

喬：空無。漫長的空無。我正在空無中飄浮。我又是自己一個了。

朵：你知道你要去哪裡嗎？

喬：不知道。就是跟著感覺走。

朵：有任何人跟你在一起，協助你去你應該去的地方嗎？

喬：沒有。我知道去哪裡。

朵：那麼讓我們移動到你已經穿越空無，抵達你要去的地方的時候。你到那裡時，那個地方看起來是什麼樣子？

喬：無邊無際。巨大，好巨大。

朵：你看到什麼？

喬：一切。無法描述。**巨大**。巨大。

朵：有什麼是你認得的東西嗎？

喬：一切。我來過這裡（很愉悅的語氣）。各種選擇、方向，各式各樣的選項。甚至有些老朋友。老靈魂（聽起來很愉快）。你知道嗎？你可以看到老靈魂，還有年輕的新靈魂。你幾乎可以聞到那些年輕的靈魂。他們的味道不同。他們聞起來……不是生的，但聞起來像是新鮮的肉或……聞起來很「滑稽」。年輕靈魂聞起來不一樣。

朵：為什麼他們有味道而其他的靈魂沒有？

喬：大概是因為他們還不是很懂事。他們才剛開始而已。你真的能分辨得出誰比較年輕、誰比較老。應該不能說是「老」，而是經驗豐富。經驗豐富的靈魂。

朵：所以經驗豐富的靈魂沒有氣味？

喬：對。這很怪，畢竟這裡又沒有所謂的**年紀**。但差別就在於味道。這有點沒道理，但是有趣。這是分辨靈魂的一種方式。

在《生死之間》乙書，我寫到我被告知靈魂的領域分為很多層級。靈魂離開身體後會回到最令它們自在，與它們共振的層級。沒有準備好的靈魂不能去到較高的層級。頻率或振動的作用如同關卡，靈魂只能到它們透過經驗所達到的層級。我被告知我們無法直接從幼稚園挑戰大學。高等靈魂，或如喬治對它們的稱呼——「經驗豐富的靈魂」，能夠立刻到較高的層級。如果有必要，它們也可以去較低的層級。但是「年輕」的靈魂無法到較高的層級，除非它們已經達到那個頻率、振動或成熟度。顯然地，喬治在前往他所歸屬或共鳴的層級途中，必須先穿越較低的層級。

朵：既然你已經在那裡了，有沒有哪個特定地方是你一定要去的？

喬：有啊，當然有。我要去登記。

朵：這要怎麼做？

喬：好問題。

朵：因為你說這裡很大。

喬：我有鑰匙，像是可以插入狹槽裡的鐵片。我必須去那裡。（話語含糊不清）我現在比較輕。我越來越習慣再度變得輕盈。我找到了那個插槽。（停頓）噢，天哪！我必須想辦法再來到這裡。（一連串含糊不清的聲音）

朵：他們帶你到那裡，是要給你看你要去的地方嗎？

喬：我不要他們這麼做。

朵：你知道你可以請求協助。

喬：他們不知道怎麼去那裡。（停頓）我知道是在哪裡。我必須去得更高和更深。不同的層次，層級。每一個都不一樣。你進來時是在較低的層級，所以會是聞到味道的地方。應該要去更高和更深的地方，你在那裡就聞不到那個味道了。當到了較高的地方就沒有年輕的靈魂。人們在點頭。他們認得我。他們沒有微笑。他們點頭，但他們知道有事發生了。

這一切都進行得太過緩慢，因此我決定加速。

朵：讓我們往前移動到你抵達的時候。你很快就可以找到，因為你正移動進入了不同的層級。那裡看起來如何？

喬：噢，哎呀！好亮。好明亮。超級壯觀。絕對的壯觀。

朵：那裡有其他人嗎？

喬：有耶。有別人。都好亮。他們**真的**好亮。他們為我聚在一起。這可是件大事。也許有十二、二十四、四十八……哈！哈！哈！九十六個。你認得每一個……我是這個團體裡最後回來的一個。他們全都聚過來了。我的姊妹也在。她在這裡。找到她了。這個團體很**老**。它完成……我是最後一個回來的。

朵：它完成什麼？

喬：（深深地嘆口氣）你知道……這是議會。就是這麼回事。我是第九十六個。我們必須討論發生的事。這是第一次每個人都回來了。這是有原因的。

朵：原因是什麼？

喬：這正是我們要去瞭解的事。我必須去更高更深的地方。在這九十六個人當中，有八個像是議會的人。我們聚集一起，只是談談，還有快速看看。

朵：那八個和九十六個沒有關係嗎？是不一樣的嗎？

喬：他們是九十六個裡面的成員。

朵：他們要做什麼？

喬：談這件事。談我剛去的地方。他們剛去的地方，**所有的**一切。我做過的**每件事**。他們做過的一切。還有九十六個所做的事。

朵：你們討論過後要做什麼？

喬：在我們去過的地方，對我們看過的和將要做的事進行修正或調整。

朵：為什麼你們必須這麼做？

喬：因為這是遊戲的一部分，是所有事情的一部分。模式一，模式二，模式三，模式四。不是階級制度，但這裡做的事會透過那八個和九十六個滲透下去，下去到你可以聞到那些年輕靈魂的地方，下去到你經過那個洞的地方，那個滑道（chute），還有每次你經過那個滑道抵達的地方。那會是許多不同的地方。我的天啊！

朵：但如果你們做那些調整和改變，不會影響事情嗎？

喬：是應該要這樣的。是該如此。

朵：影響實體世界？

喬：你說對了。

朵：為什麼他們要做這些事情去改變模式？

喬：有這個必要。你調整靈魂。你不明白嗎？如果你調整靈魂，所有的事便會被照料到。不會有其他那些情況。要調整靈魂。

朵：你的意思是讓它們改變？

喬：對。調整它們。不去改變，它們自己會改變。調整它們。你瞭解那是什麼意思嗎？你調整它們。修正它們。對它們輸入。

朵：這要怎麼做？

喬：你知道嗎？真的很簡單。它們只要往內看，在一點點的指導下看到內在顯露的東西，它們就能做出修正。如果它們不這麼做，它們就不會回到……有意思。你知道嗎？那八個……當你上去那裡時，它們甚至不是靈魂。這也太古怪了。情況是不一樣的。你在那裡時，沒有義務／責任（obligation）。下去後就有了。當你是那八個時並沒有義務。

我不需要有。

朵：當你到那裡時，已經完成所有的義務了。

喬：對。可是下去時，不論是義務還是償還，不論是什麼字，那就是調整的時候。哈！真妙！

朵：所以你們在試著影響人……我並不曉得你們可以干預。

喬：沒有干預。是義務。他們知道，隨著靈魂成熟，它們知道它們有義務／責任。不然它們不會當人，不會需要課題。為什麼它們要這麼做呢？它們知道自己有義務，有責任。因此它們會調整。不過目標是保持純淨。下去而沒有債。

朵：這有可能嗎？

喬：看你自己。

朵：既然你沒有義務或業力，為什麼還要下去？

喬：沒有才好玩。

朵：那麼，你既然已經到達沒有任何義務的那個境界，你並不需要回到地球這個物質星球。你為什麼還要回來進入喬治的身體呢？

喬：為了讓我和我的姊妹完成我們許久前沒有完成的事。這是一部分。不是業。不是義務。這是未完成的事。

朵：你們那時沒有完成什麼？

喬：我想是聯合。我和她沒有完成合併。

朵：即使你們以前在一起那麼久了？

喬：對。我們沒有……那股**渴望**仍在我的靈魂裡。

我接著下指令，召喚喬治的潛意識，以便找出這些事情的答案。

朵：你有很多不同的前世可以給喬治看。為什麼你決定要讓他看到那一世？你想告訴他什麼？

喬：謙卑。絕對的謙卑。

朵：這是他需要學習的嗎？

喬：他知道。他已經學到了。謙卑。

朵：為什麼他必須在這個時候看到這些事？

喬：這就回到那八個了。他們有時會忘記謙卑。他們失去……謙卑的場所。因為他們所在之處不存在謙卑。

朵：他們並沒有義務或業。

喬：**這裡**的事都是為了謙卑才發生。

朵：為什麼喬治必須在現在知道這些？（沈默）我們關心的畢竟是他現在這一世。

喬：也許那就是他不知道的事。

朵：他有說缺了一塊。

喬：是的。那就是他不知道的事。這很瘋狂，不過……姊妹那件事。這都是其中一部分。

朵：就算聽來很瘋狂，還是試著解釋給他聽吧。

我懷疑失去的姊妹所代表的意義。那不是一個真的有身體的人，而是他的女性面。不過我想聽聽潛意識怎麼說。潛意識不疾不徐地告訴他：「那是能夠提升他的生活、福祉，並使他謙卑的女性氣質。他一度兩者兼具，既是陰性也是陽性，所以才能創造出那麼美好的事物。」

我問喬治要如何才能找到他的女性部分。潛意識說，他必須學得比較具女性氣質、比較溫柔。由於喬治非常有男子氣概，這不會是他平常人格的一部分，要變得溫柔會有困難，謙卑也是。

然而，潛意識堅持喬治必須允許自己顯露陰柔的部分，學著溫柔些，不那麼嚴苛，允許他本性中溫柔的一面浮現。我接著詢問他的健康問題，並得到我已聽到多次的答案。不論存在體是為了什麼原因來到地球，只要曾是其他領域中的較高存在體，他們不被允許是完美無瑕的。他們必須融入一般大眾，而讓他們具有某種缺陷，是使他們不那麼突出而引人注目的方法之一。喬治的缺陷在於僵硬的頸部和靈活度受限的脊椎。「是他想要有這個缺陷，讓自己明白自己是個人類。」潛意識沒有移除這個不適，反而保留下來提醒喬治，他是為了一個明確的理由才來到地球。「那部分是身體的神經系統，是控制因子。如果你沒有神經系統，你就沒有生命。」

★ ★ ★

喬治還有幾個想問的問題，其中一個和一九七二年發生的不尋常事件有關，當時他從樓梯上跌下來，摔碎了頭骨，情況非常嚴重，他差點就沒命了。他想對那件事有更多的瞭解。

喬：我們當時在試著告訴他，他非改變不可。他那時走在一條死路上。

朵：那真的改變了他的人生，他說他差點死掉。

喬：他是死了。

朵：（驚訝）他死了？（對。）你們能跟他說說那時的事嗎？

喬：他死了。**部分**的他回來了，另一個部分也回來了，回來了兩個。

朵：你們可以解釋得清楚一點，好讓我們瞭解嗎？

喬：（大聲嘆氣）回來了兩個。他回來了，他不太一樣的部分也回來了。那還是他，另一個面向的他。

朵：那個部分為什麼必須回去？

喬：它想回去。它渴望回去。那是個好機會。好時機。好地方。那是會引導他走在原本方向的那個部分。他非改變不可。照以前那樣是不可能的。他需要另一部分的他的協助。這另一部分有機會進來，於是它就來了。

朵：那和靈魂替換不一樣嗎？

喬：不一樣。這是**同一個**靈魂，不同面向。

朵：你也說到女性的面向遺失了。

喬：那部分從未進來。他已經很多、很多、很多年沒有那部分了。幾百世紀、千年、萬年。他一直缺少女性面向。它將會慢慢地進入。

一九九八年，喬治又有一次創痛的體驗。他去埃及旅行，要回來時身體卻忽然變得不能自主，宛如一具行走的殭屍。大夥費盡千辛萬苦才讓他回到美國，而他直到回到家後的好幾個禮拜才恢復正常。

朵：那時候是怎麼回事？

喬：他想離開。他想回到那八個。

朵：是因為在埃及發生了什麼事情而觸發的嗎？

喬：世界的那個地區向來都不健全。而他想回去（靈界）幫忙調整，修正世界的那個部分，但他沒有回去……看看那之後發生了什麼事。那裡是一團混亂。

朵：他認為他無法從實體世界做到嗎？

喬：他沒辦法。他沒有那個位置／角色。

朵：但他認為他從「另一邊」能夠造成改變？

喬：是的。有一些潛在的事情也在進行中。這裡和那裡，到處。他想回去。他那時快死了。他其實也已經離開了。只剩下一具空殼在那裡。

朵：那後來怎麼了？他們跟他說他不能走嗎？

喬：他們不能……他們不會跟他說什麼。他回來完成工作。另一部分只能等。看看後來發生的事。現在那裡好亂。

朵：所以在那個時候，他決定回來完成工作。

喬：他離開那裡，回來完成**他**這次的工作。

朵：要不然丟下沒有完成的事，他以後還是必須回來地球。

喬：他會回來的。

朵：那麼他已經有了業，有了責任／義務。（對。）所以他的想法是回到他的身體裡，這樣他就能完成工作。

喬：他回到這裡（指地球）。只有那八個可以做到（他要做的工作）。

朵：這告訴了我們，我們不見得知道自己身體發生的事，不是嗎？

喬：不幸的，你說對了。

朵：總是有我們沒有意識到的其他部分的自己。

喬：沒錯。

朵：不過還好有其他力量會照料著事情並且協助我們。

喬：他們是指導者。他們就在這裡。順道一提，現在他們有點在偷笑。他們說：「我經常試著告訴你這些事，但你不聽。」我的指導者之一與女性面向有關。

朵：他們有什麼要告訴喬治的嗎？任何訊息或忠告？

喬：跟他們每次傳達的訊息一樣。當你需要我們的幫助時就告訴我們。我們永遠都在身邊協助。但**你必須開口**。我們不能干預。他們也想說……他們說的話好古怪。至於讓我活著，那還真是有趣。我納悶為什麼這麼說？(喃喃自語)

朵：你的意思是？

喬：我只要肯聽，一切都沒有問題。如果充耳不聞，情況就不會太好。……謝謝你，喬治。我們都愛你。

朵：你們為什麼謝謝他？

喬：謝謝他做自己。他有工作要做。

★　★　★

二〇〇一年，我在曼菲斯進行兩場不同個案的催眠時，又得到我們有許多部分的自己同時存在並且互動的證據。那兩位女性個案認識彼此，而且在合作成立一個療癒中心。那是個很有雄心壯志的方案，需要非常詳細的規劃。她們並不曉得要怎麼完成，但她們有夢想，而且希望能貫徹執行。

第一個個案，就稱「瑪莉」吧，雖然她想探討的是現世問題的解答，但她沒有進入前世，反而立刻到了靈界，那個通常我們只在生與死的過渡期間才會去的地方，亦即所謂的「亡者」國度。在那裡有人迎接她，帶她去一間很大的房間，那裡有很多靈體圍著一張桌子而坐。他們一眼便認出她來，有個男性能量說道：「很好，你終於來了。我們一直在等你。」他們沒有談她催眠的原因（後來才討論到），就直接討論她建造和創立大型療癒中心的計畫。他們向她說明那間中心該怎麼建，地點該在哪裡，還有方案的經費會怎麼來。聽起來比瑪莉對我描述的願景更加宏偉。他們告訴她，這個規模更大的方案會是最後的結果，而且會更有效用得多。她得到了很多規劃和設計等等的相關細節。後來，那個男性能量體確認他自己是瑪莉的較高片段，而他對化身為人沒有興趣。他選擇留在靈界引導她的進展。他一直在靈界擔任這個顧問團的成員，往後也會持續如此。但他也是她的一部分，雖然她對這一點毫無所悉。

過去幾年來，我的工作內容越來越強調有不同的我們同時存在，做著不同的工作，過著不同的生活。我們沒有意識到那些部分，因為意識心會過於困惑。我們持續埋首於日常生活發生的事件，對更大的整體毫無所知。

當天的第二位女性個案，我稱為「瓊」。瓊並沒有機會與瑪莉說到話，就換她要做催眠了。在事前的訪談中，瓊提到她想透過催眠探討的幾個重大問題，然而進入很深的出神狀態後，她也沒有進入前世，而是立刻被帶到顧問團的房間。再一次地，那裡有很多靈體圍坐著一張桌子，大家都在等她。一個女性能量和她說話，針對她和瑪莉想要建立的療癒中心給予指示。這些靈體說這件事將會成為事實，因為它已在靈界被創造出來，只等著被帶入實體世界。它們解釋，這是我們在地球創造實相的方式。首先，我們必須有夢想，渴望某件事情成真。我們必須鮮明逼真地看到最後的結果，並加上許多細節點綴。然後它會在乙太世界創造出來。接下來，它必須進入我們的物質世界變成實體，因為這是宇宙的法則。這是為什麼人們必須對自己渴望創造的事物審慎以待。在靈界，事情會瞬間發生，只等待正確的時刻成為真實。思想是非常強大的，思想能夠創造。令人驚訝的是，那兩位女子聽到的中心規模都比她們夢想中的更大。顯然地，當有意識的肉體生命開始啟動計畫，她們永久留在「另一邊」的那部分自己也能加以修飾與創造。現在那個方案已經在進行中。兩位女子得到了她們所需的所有資訊。倘若那間中心沒有在我們的次元成真，那可能是因為她們缺乏實現夢想的信念和信心。地球畢竟是有自由意志的星球。

由此可見，有一部分的我們留在靈界，協助引導人生的演出；這一齣戲，這一場遊戲。我們能稱呼那部分的自己為指導天使，我們的指導靈嗎？我歡迎大家討論，但據我被告知的，我認為這是兩回事。在我看來，那部分的自己被描述為我們的高我比較貼切。有趣的是，每當我與我稱之的「潛意識」聯繫，它並不會表現得像是一個分離的存在體或個案的一部分。它總是說「我們」正在做什麼或是「我們」建議什麼，有如它是一個群體，而非個體。它總是用第三人稱來稱呼個案，說「他」或「她」應該照建議的去做，就好像在肉身的生命（指個案）與這個群體是分開來的，或至少在物質次元時是如此。而每次當肉身的人格經歷死亡過程，來到靈界，觀點總會改變。那個人格會立刻察覺自己回到了「家」，意識到肉體人世只是一場遊戲，一齣戲，一所學習課題的學校。「另一邊」的靈界對他們而言更為真實，也能提供更多答案，如果他們準備好了，便會與團體重聚，並因此體會到莫大的喜悅。

從我的工作至少可以看出，每個人都有較高部分的自己，它意識到更大的整體／全局，那個宏大的計畫。如果我們瞭解這點，我們就能使用這個知識在這一世創造出更能發揮的實相。我們現在知道，我們能夠直接與那部分的自己溝通，它不僅會聆聽，還渴望協助我們。這跟我們概念中的神溝通有什麼不同嗎？也許神不是完全與我們分離，而是我們全體的一部分，因此與神接觸要比我們以為得容易許多。

第八篇

走出深深的盡頭

第二十七章　夢者的夢

二〇〇二年二月，我在阿肯色州尤里卡溫泉市的汽車旅館做了一場私人催眠。查爾斯是在附近城市的醫院上班的男護士。他有一些生理困擾，其中大多和過重有關。這是他最大的擔憂。當然，他想問的問題裡也包括此生的目的。這是人們來找我時最常問到的問題。幾年前，《今日美國》報做了一項調查，詢問包括對形上學有興趣和沒興趣的人在內的大眾意見：「如果能接觸到至高的力量，你會問什麼問題？」結果顯示，最常見的問題是：「我為什麼在這裡？我這輩子應該要做什麼？」由此可見，每個人總有段時間會想著同樣的問題。

在這次催眠，查爾斯重溫了兩段前世，為他這生持續發生的一些問題找到了原因。在第一段前世裡，他是個羅馬士兵，隨亞歷山大的軍隊一同出征埃及，佔據開羅。他們聽從軍令從一個祕密的入口進入大金字塔內尋寶，卻發現裡面空無一物。他們推測，那裡就算曾有過什麼，也已經被搬走並藏到別處。這很有趣，因為它顯示出即使是在那麼古早以前，人們也把金字塔和寶藏畫上等號。不過，任何重要的物品顯然早在現代之前就被拿走。查爾斯在遠征軍中待了好些年，後來是在返回羅馬的途中，在地中海遭遇暴風雨而溺斃大海。

第二段前世也很有意思，但不如我所期望的提供那麼豐富的資訊。這回，他是個在西藏的喜馬拉雅山上研究奧秘知識的男子。他在那裡的幾年期間，從大師那裡獲得盡可能多的資料，然後返回法國的家，將所學與他所屬的秘密組織分享。那個組織聽起來很像是共濟會，不過他說他們的歷史更悠久，而且是文藝復興時代政府幕後的操縱者。當時的人民備受壓迫，所以他成為教團的領導者後便想傳授百姓知識，好讓人民能過更好的生活。改善民眾生活是這個教團的初衷，然而時間一久，它卻變成一個貪婪的負面組織，汲汲營營於權力的爭奪。他活到一百歲以上，與別人分享了很多他的知識。在他走完那世的生命歷程後，我要求那個人格離開，查爾斯的人格整合回到身體，並召喚潛意識回答查爾斯的問題。沒想到向來很合作的潛意識變得好辯起來，情況不太尋常。

朵：我可以和查爾斯的潛意識談談嗎？

查：你是指做夢的部分？

朵：（我一頭霧水）做夢的部分？你是哪個部分？

查：我想你會說是超靈。也是**你的**（超靈）。我們是。我們**是**。我們是，沒錯。

朵：但你們和這個人的意識是分開的。

查：當然不是。不是，不是。

朵：我通常和能回答身體問題的部分談話，也就是潛意識。你們稱那是做夢的部分？這是什麼意思？

查：你正在做夢。你現在是個做夢者。你現在**是**。但為了「我、我們、全體」，還是回到「我們」吧。用你可能知道的例子來說，那就像是塑膠進入模子一樣被擠壓成型。這是一個**看來**變硬的液態媒介，但那只是一時的，它還是會回流到它的源頭，然後再度進入模內遭到擠壓。

字典對擠壓的定義是：推或用力經過一個小開口出去。

查：那個模子可能會有個名字，叫作「朵洛莉絲」。你，每時每刻，都從那個模子流動到另一個模子，並且存在於各種各樣沒有形體的部分，那就是「我們」。你知道的。對，你知道的。

朵：有些概念對人類心智來說很難理解。

查：但你現在不是在和人類心智交談，所以不需要擔心。

朵：這個嘛，我認為我是在和人類心智交談。

查：噢，有部分的你可能是吧。

這個情況令人毫無頭緒。我不習慣和個案這麼自相矛盾的部分交談。我決定把問題重新導回查爾斯想問的事，希望潛意識能夠配合。

朵：查爾斯這生的目的是什麼？

查：改夢。

朵：這是什麼意思？

查：做夢者在做夢。他可以改變夢境，修正夢境。

朵：誰是這個在做夢的做夢者？

查：在這個實相裡做夢的那一個。

朵：你們認為夢境該被改變？

查：時候到了。就和以前一樣。

朵：你們所謂的做夢者是集體意識還是什麼嗎？我努力想要瞭解，你們說在做夢的做夢者是什麼意思？

查：有一個夢到這個夢的做夢者。只有一個。

朵：這是一個人還是什麼？

查：比較接近一個意識。它沒有人格化，它是……算是一個意識。我們全都做著這個夢。

朵：是意識的一部分？

查：是的。我們全都相信太陽會升起和落下。做夢者做著那個夢。

朵：你的意思是，在我們所在的實相？

查：是的。實相的夢。

朵：我們都在裡面，所以它就成真了，不是嗎？

查：對，但每個個體都能做自己的夢，夢到他是個商人、醫生或律師。那是他在這個夢裡的夢。

朵：那是他的實相。

查：對。

朵：但在做這個大夢的做夢者是更大的意識嗎？一個更強大得多的意識？

查：對。

朵：如果它那麼大，要改變會很難。

查：沒錯。

朵：這個意識，這個正在做夢的做夢者是不是比較像是我們對神的概念？（沈默）還是不一樣？

查：問題是，神真的不是……只有一個，那只是……做夢者讓別人認為是真實的事情變成真的。做夢者讓石頭變硬，讓太陽升起又落下。那是他的夢。其他人的夢也會在夢裡創造出戰爭、衝突、快樂和悲傷。

朵：那些是所有個體在大夢中創造的部分？

查：對，對。

朵：但當他們這麼做的時候，難道不會讓它成真嗎？

查：會啊，沒錯。

朵：就像做夢者所做的夢成為實相？

查：正確。那是大夢。

朵：它就是不斷創造出更多實相？

查：對。不過仍然只有一個實相。因為只有一個。

朵：我聽過我們可以創造自己的實相。（對。）我在想，如果做夢者像是一個較大的意識……你們說的就是這個意思嗎？

查：沒錯。

朵：我不斷想到神。或許我們對神的概念並不正確。

查：我們就是神，我們全為一體。

朵：確實，我聽說過。但如果那個意識，那個做夢者，既做夢又創造，那麼他創造出的東西會留下來，對嗎？會變成實在的物質？

查：沒錯，是的。

朵：因為我想做夢者終究會醒來。

查：沒錯。

朵：那麼做夢者終究會醒來囉？

查：是的。

朵：（緊張地笑）那時會怎麼樣呢？

查：你去睡覺時會怎麼樣？

朵：我的意思是，他在他的夢中創造出的人事物會怎麼樣？

查：你去睡覺時，難道不會去到另一個實相？

朵：沒錯，但醒來後那個實相還會存在嗎？

查：它就和你醒來後的實相一樣真實，只是做夢的形式不同。你稱這個為實相？你現在在的地方？這是個夢還是實相？

朵：這個嘛，我們認為我們在的地方就是實相。

查：你在這裡的時候難道不像在另一個地方時一樣做夢嗎？

朵：（笑聲）我們不知道，不是嗎？那一直都是個謎。無論如何，那個夢到所有正在發生的事的做夢者醒來後，我們的實相會停止存在還是繼續存在？

查：繼續。

朵：因為他給了實相生命？

查：我們全都給了它生命。

朵：所有的火花和靈魂都給了它力量，也對它做了更多的創造。你的意思是這樣嗎？

查：對，但它們之後會回歸整體。事實上，它們從未離開過。

朵：所以我們協助夢變成實相，每個人都在其中扮演了一個角色。（對。）但在較大的規模上，做夢者是否也會做其他的夢？

查：因為缺乏一個更好的字眼，只能這麼說：當較小的夢有充分或足夠的理由去改變做大夢者的夢，那就是改變發生之際。那是意識跳躍的時候。不是往前跳，就是有可能往後退，視你在時間裡的位置而定。舉例來說，在歐洲黑暗時代時，做夢者就改變了夢境。

朵：那麼這是一個超越我們所能理解的巨大意識？

查：噢，不是，只是個做夢者。

朵：創造了所有這一切。

查：對，我們全都是做夢者。

朵：那麼我們全都是其中的一部分。（對。）我只是努力想要理解。既然它是這麼大，那麼我們勢必無法理解。

查：不會。什麼都能理解。

朵：這是包含了我們每個人在內的意識？（對。）我們都會回到它那裡。

查：是的，只有一個（意識）。

聽起來，這跟我在本書反覆提到的概念一樣，即我們全來自於源頭，只是離開了它去做各種交付予我們的工作，一路上雖然經歷許多冒險和課題，但最後還是會返回來處。這個由心智創造的概念與傑瑞和團體共同創造也很相像（請見第二十五章）。兩者可能是同一個概念，只是用不同的詞彙描述。

這會不會也是我們揚升到新地球時的情況？眾人的意識決定該是轉移（或改變）夢境的時候？

朵：我們全體創造的實相會繼續存在。（會。）因為我們讓它固體化，給了它形體？（對。）那麼當我們全都回去，你們說我們會造成意識的轉移。（會。）當我們那麼做時，會創造出另一個實相，那時又會有另一個夢，而每個人都涉入其中？

查：對，倒不是和創造世界有關，只是繼續。

朵：繼續並改變夢境？

查：是的，它會像植物一樣生長。

朵：我聽說過我們即將準備好要進行意識轉移。那時就會發生這樣的事嗎？（對。）如果有足夠的人想要改變我們現在所做的戰爭和負面的夢？（對。）那麼夢就會進入下一個意識。（是的。）我覺得我描述得不好，因為我是把做夢者想成和神差不多，就像集體意識。

查：沒錯。

朵：那麼到了最後，每個人都會離開夢並回到做夢者或什麼的嗎？回到創造一切的意識？

查：正確，沒錯。會重新再來一遍。另一個夢。這是個循環。就像每個早上醒來後，你的夢會如何呢？你怎麼認為？不見了嗎？

朵：是的，畢竟當我們隔一晚再去睡時，又會是不同的夢。我們很少會回到同一個夢裡。

查：對。

朵：但我們的夢有很多並沒有意義。

查：要去尋求了解。（笑聲）

朵：夢裡的象徵意義比我們日常生活所知道的要多出太多。

查：那是個不同的**世界**。

一個用不同規則掌理一切的世界。地球上的物質世界是個嚴格運用規則和限制的地方。我們選擇以肉身活在這裡，目的是要從那些限制中學習。但因為我們對於在其他靈性或物質領域的其他生命和人世沒有記憶，已經習慣把一切都想成是有限的，因此無法理解無限的世界。如同我們在本書所看到的，我們能去經歷的次元和實相還有很多（但是要在我們獲得充分的知識以後），那些地方的存在體是純粹的能量，甚至沒有肉身的束縛，它們可以創造任何想要的事物，從自身的軀殼到周遭的景物，對自己的環境有完全的控制。

即使如此，許多存在體卻選擇（或是被派出去）體驗我們這個有限又狹隘的世界的生活。這些人往往鬱鬱寡歡，一心只想回到全然自由的生命。我們進入夢的世界時，情形一定也是如此。夢裡沒有規範、規定或是限制。任何事情都可能發生，都可能被創造出來。我們控制著一切，可以創造自己想要體驗的人事物。人在夢到清明夢（譯注：lucid dreams，意指人在睡眠中仍保持意識清醒的夢，與不在睡眠狀態的白日夢為兩種不同的狀態。）時，很快就會意識到自己在做夢，還能改變夢的情節。他們知道，他們可以控制睡覺時進入的夢中世界。我被告知了很多次，人只要受限於肉身裡，就永遠無法完全瞭解這一切。顯然，夢裡的狀態並非是我們清醒後就會消失的幻想。我們在不知不覺間創造了一個會留存在別處的世界。這與我們的思想非常強大的概念是一致的。思想是真實的東西。念頭一旦產生就會永遠存在。當然，我們正是以這種方式創造自己的實相。我們引導和組織自己的思想、願望和夢，全神貫注地引導著，直到它們成為真實。

朵：你的意思是，那是不同類型的世界？（對。）難怪我們那麼不會解夢。每晚睡覺時，我們都會創造個別的小世界？

查：對，而且理應如此。

朵：但夢裡常常充滿了清醒後很難理解的象徵。

查：你們需要尋求了解。專注在夢境，就會了解。

朵：我們總以為夢境是透過象徵傳達訊息。

查：沒錯。只要專注在上面，你們會懂的。

朵：我們醒來後就回到這個實相，這個對我們比較有意義的實相。（是的。）夢中世界是否仍會持續存在？

查：當然會！它只是個不同的……當你們晚上去睡覺，有什麼能保證你們明早還會醒來？

朵：嗯……我們認為自己會醒。

查：萬一身體死了呢？

朵：嗯……是有人發生過這種事。

查：對，如其在上，如其在下。

朵：如果身體死了，就會進入靈界，不是嗎？（是的。）那和夢的世界不同，對吧？

查：沒錯。

朵：但那樣他會知道自己不再是在夢中，而是進了靈界。

查：會嗎？

朵：我們是這麼想的。（查爾斯哈哈一笑）有人告訴過我靈界的樣子。聽起來不是同一個地方。

查：那是跟這個世界相較。

朵：對。他們的描述都很像。聽起來，靈界和晚上的夢中世界是兩回事。（對。）這很令人困惑，至少對我們人類心智來說是如此。但我永遠都想要得到資料。我可以在工作中與其他人分享這個資料嗎？

查：可以，可以。

朵：我一直在找尋我們連想都沒有想過的事物，即使知道自己沒有那個理解力。不過，在追尋的過程中，或許會有某個地方的某個人能夠闡述。

查：你的說法很像是神如何用說的把夢變出來。世界是從聲音開始的。

聖經上的描述正是如此。故事的一開始，神僅僅是嘴裡念念有詞，我們的世界便被創造出來。「神說，要有光，就有了光。」(創世紀1：3)創造過程的每一步，都在神開口之後成為真實。

★ ★ ★

在另一場催眠中，一位女性個案想探索她認為是靈魂出竅的經驗。這位我以「芭芭拉」稱之的女子，有過進入隧道和類似事物的經歷。其中一次，她還跑到另一個時代。在我聽來，這些經歷比較像是經由時間門戶進入其他次元，而這個猜測有部分是對的。潛意識說：「那是個記憶，互相連結的空間記憶。」

朵：很令人困惑，那似乎是在我們所知的過去。

芭：沒有「過去」。

朵：可是她是那麼想的，當她回到過去，她感到很困惑。那個經驗裡的人認為她根本不應該在那裡。

芭：那只不過是與不同空間的連結。除了引起她的好奇之外，不會造成任何傷害。

還有一次經歷也被芭芭拉歸類為靈魂出竅，當時她在一座公園裡和人說話，其中一個男子對她說，他在另一個地方必須坐輪椅，所以他很喜歡來這個公園。我問潛意識那究竟是怎麼回事。

芭：他們把她帶走了。

朵：誰把她帶走？

芭：心智。心智把她帶走。她的心智就是他們的心智。所有思考的心智。

朵：但他們在哪裡？

芭：別處。

朵：其他也在公園裡的人的心智把她帶到了那裡？（對。）她常這樣嗎？（不常。）可是她覺得有點熟悉。

芭：每次都一樣。心智會創造。

朵：他們創造了這個地方，然後大家都到那裡去？

芭：對，那是與另一個連結的交流。

芭芭拉在這一世並不認得那些人，但在另一個層面，他們彼此熟識。這是為什麼她覺得他們有種熟悉感。

朵：那裡和我們死亡離開肉體後去的靈界類似嗎？

芭：不一樣。那裡是其他人創造出來的，是隧道的中心。有人從一頭進入，有人從另一頭進入。大家會合，創造周遭的環境，然後在那裡待上一會兒。

朵：她說回到這裡時感覺非常強烈。那裡發生了什麼事嗎？

芭：她很頑固。

朵：(笑聲)所以她才會回到這個實相，回到這個身體裡面？(對。)我們晚上做夢時偶爾也會發生這種事嗎？也會去這些由心智創造出來的地方？

芭：會，類似的心智創造的地方。

朵：但我們總是回到身體裡，不是嗎？

芭：是的，有交流，只是不在意識的層面，而是在另一個層面。有很多房子，很多層面。

你們偶爾會去類似心智所創造出來的地方。

朵：這是常有的事嗎？

芭：不常。

朵：但我們通常不像她會記住。她記得的事情很多，不是嗎？

芭：她記得的事情太多了。她有很好的記憶力。

這個事件聽來很像是查爾斯口中那群會創造自己實相的人。做夢者在做夢。

★ ★ ★

原住民比現代人更能接受這些形上學的概念。舉例來說，澳洲原住民的信念中，有位做夢者夢到的事物都變成真實存在的創世故事。他們說，做夢者第一個夢到的是四大元素，火、土、風、水，接著才從這個基礎出發，繼續創造，一旦對新的創作感到無聊，他就再創造別的事物。澳洲原住民相信，真實的世界不在地球，而在靈界。他們把在地球上的生活稱作「夢時代」，有如這一切都不是「真的」。也因此有人死的時候，對他們來說是件喜事。他們知道那些人只是離開夢世紀，回家去了。令我們困惑不已的概念，他們毫無困難的便能接受。

★ ★ ★

生活中無一物為真，一切俱為幻相的概念令人震撼，卻在我的工作中一而再、再而三地被提起。這個想法令我感到困擾，因為它挑戰了我對實相的想法。生命中的每樣事物，從生活和工作的環境，到所愛的人事物的碰觸和感覺，似乎都再真實不過。如果生活中最親愛、最寶貴的人事物全是幻相，那麼我們該如何看待實相，看待這個現實呢？我的心得是，把這些概念想成是「餵養心智的糖果」，感覺便會安心許多。它們是可供人思考，挑戰信念系統，並將我們的心智推達理解範圍最邊緣的概念，也是能以哲學立場去研究的事物。不過一天終了，我們還是得將它們擱置一邊，在心中默想：「有意思。它挑戰我的信念，讓我有了新的思考方向。但現在我得回歸『真實』世界。」即使這個世界真的只是幻相，它仍是我們所知的唯一實相，我們也仍須在此生活。

這是人類生生世世以來第一次受到新資訊的挑戰。回想我剛開始研究時，根本不曾有過這樣的事。或許「它們」給我們看這些是因為人類擴展心智，接受想法的時候到了。或許現在正是時機，畢竟人類就要集體轉移到新的頻率和新的振動裡的新實相，心智自然也得跟著改變，以便接受我們即將進入的不同新世界。也許這就是我們現在得到這些挑戰的原因，為的是讓我們的思考能從限制人類幾千年的世俗跳脫出來。然而，隨著新典範和新的思考方式而來的，還有新的責任。這時，陷入消極被動再容易不過。我們可能會說：「既然沒有什麼是真的，那就隨波逐流吧。反正一切都是幻相，每天都只是個夢，我做什麼並不重要，也沒有影響力。」於是我們放鬆地只想著自己的事。然後因為不認真過日子，輕易蹉跎了歲月。

我相信這不是我們選擇此刻來到這個世界的用意。隨著領悟而來的是**責任**。這是人類需要輪迴那麼多次的原因之一。我們花了那麼長的時間才終於領悟。因為身陷物質世界太久，我們忘了自己最初所為何來。這也是為何許多高等的靈魂選擇轉生於此。他們想在我們進入下一個次元之際盡一份心力。即使我曾在著作中提及，我被告知靈魂轉生地球主要是為了學習使用能量、操縱能量。因此，人生可能是個幻相，生命可能只是場夢，但這是**我們的**夢，**我們的**幻相。只要意識到自己手中的力量，我們可以改變這個世界，改變這個環境。我們真的能創造奇蹟，讓下一個次元的世界是地球上的真正天堂。比起懶洋洋地坐著，任由人生歲月流逝，這麼做更有百倍之效。在新的世界，使用和控制能量越來越重要。這個世界終於準備好了，而我們則將帶回自己遺忘許久的力量和才華。假使不這麼做，等我們過渡到死後的世界時，只會聽到「它們」說，我們雖曾有過改變世界的機會，卻沒有把握住。這會成為我們的業，除非我們幡然領悟，否則必再輪迴。越來越複雜的概念之所以透露給人類知道，無非是要為我們的心智做準備，迎接即將來臨的新世界。若想冒險進入新的實相，新的夢，新的幻相，我們就不能保持被動。

我在工作中常被告知，我們晚上睡覺的時候，或是在經過引導或指引的意念下靈魂出竅，不僅會在地球這個實體星球上旅行，還會去到不同的世界。我們可能會回到靈魂的國度與指導者對話，聆聽他們對人生事件如何因應的指示，或是對我們已約定好要體驗的事件給予建議。我們也有可能只是回「家」探視別的靈魂，而我們醒來後，對這些會完全沒有印象。這是新生兒睡眠時間那麼長的原因之一。他們還在適應肉體，因此只在身體需要照料時才會醒來。他們與靈界也仍有連結，所以在兩歲左右，靈魂完全依附身體以前，仍會來來回回接受指導。之後，嬰兒的睡眠時間就會縮短。這也是令醫師難以理解的嬰兒猝死症的原因之一。偶爾，靈魂脫離身體到了靈魂的領域之後，便會決定不再回到身體，不論原因為何。或許它認定自己出生的環境對這一世要解決的事情無益，另一個環境中的另一個身體可能更有幫助。或許嬰兒的猝死是要給父母的課題。因為父母的前世和新生兒的靈魂之間有過一些業，嬰兒的猝死成為父母此生必學之事。也或許嬰兒的靈魂在靈界待了太久，沒來得及回來，以至於意外死亡。（不過我被告知，世上沒有意外這種事。）靈魂必須在某個特定的時間限制內回到身體，否則身體會斷氣。在沒有靈魂（或生命火花）入主的情況下，身體將無法存活。

此外，大家都知道老年人的睡眠時間比較長，特別是當他們病了或變得沒有自理能力時。他們也會前往靈魂的領域，去和指導靈和大師交談，為他們的死亡預做準備。當靈魂認為一切就緒，身體也已磨損或損壞到沒必要再讓它繼續，便會決定捨棄肉身，留在另一個世界。在這種情況下，人們通常會在靈魂出竅時在睡夢中死亡。

如果每個人都是做夢者，做著我們誤以為是實相的夢，那麼許多個案在回溯前世時所說的話就有了解釋。他們在經歷死亡到達靈界之後，回顧過去時都會這麼說道：「那只是場遊戲，只是在舞台上扮演一個角色。當我在那裡時，情況是那麼複雜，而且彷彿用了好久的時間，但其實不過就是一眨眼的工夫。」他們視靈魂的國度為「真正」的實相，自己剛剛脫離的人生則是個幻相。不過，我個人倒是偏好把生命想成不僅是幻相而已。在地球生活時，我們體驗到如此多的痛苦和心碎的感受，所以我傾向於認定，其中必定蘊含著恆久的意義。當然，我被告知這麼想也沒有錯，因為我們每個人都會體驗課題，學習教訓，好讓得到的知識和資料都能回歸於上帝。我們的人生，以這個方式，不論好壞，全被集中收進一個巨大的資料庫或圖書館內，永久地保存下來。如果早知道所有的事情都有紀錄，就像刻在石頭般永不磨滅，我們的人生會不會過得不一樣呢？

我有個女兒曾在醫院擔任護士，後來改做家庭看護，而且一做就是很多年。她跟我說了一個病人的故事。那個久病纏身的男子活得非常痛苦，所以家人知道他快死時，無不認為那是件好事。他大部分的時間都在睡覺，但他告訴我的女兒，他的靈魂其實出竅了，而在出竅期間，他一點也不覺得痛苦。在靈魂出竅的狀態時，事實上他是在工作。他忙著在彼岸蓋一棟美麗的房舍。他知道房子完工以後，他就會留在那裡，而人世的生命便宣告終止。一個晚上，他靜靜地在睡夢中走了，於是我女兒說：「嗯，我想他蓋好房子搬進去了。」

由於我們在靈魂的國度可以創造任何自己想要的東西，我想他是真的在那裡蓋了房子。但或許他是在夢的世界蓋房子也說不一定，畢竟靈魂也可以存在於夢世界裡。

這次的催眠指出靈界和夢世界是兩個世界，只是在許多方面都很相像。如果一切俱為幻相，我們要怎麼才能分辨何者為真呢？如果我們只是在更大的做夢者的夢境中扮演一角，當「他」或「祂」醒來時又會如何？這些都是可以好好思考的有趣理論或面向，但卻令我困擾不安。或許把這些事留給那些喜歡探索複雜理論的「思想家」比較好。就我而言，把發現的事情記錄下來，已是盡了身為報告者的職責。現在我必須回到我的幻相。身體有實在的需求，而這是我此刻的實相。我不用再拿最好交給哲學家和穴居隱士的事情，繼續折磨自己那可憐的腦袋。

第二十八章　另一類型的靈魂替換

我做的很多催眠都會涵蓋好幾個不同的面向，因此很難決定要把資料放在哪個章節。我努力著眼於資料的主題，而非想著怎麼分門別類。以下這場催眠便是一例。它包括了和外星人有關的資訊；雖然是不一樣的概念。它也涵括了另一類型或不同說法的靈魂替換。我決定將它放在以靈魂的不同切面為主題的本章，並附帶提及其他有類似資料的章節。

這個催眠是在二〇〇二年二月，我停留在阿肯色州尤里卡溫泉市的汽車旅館時進行。那段時間我全心投入催眠工作，主要都在阿肯色州、密蘇里州、堪薩斯州和奧克拉荷馬州等地。

過去這幾年，每當我從某位個案得到新的片段資料或新概念時，往往下一位個案的催眠，又會對同一個新概念加以闡述。這個情況就像是另一個世界有人或是什麼在監看我的工作，並決定我何時該得到什麼資料。當然，我知道「它們」很清楚每一次催眠都披露了什麼內容，因為「它們」似乎認識我，又熟悉我的工作。有好幾次，在催眠的尾聲，「它們」會說：「這是你接下來的寫作需要用到的資料」或是：「你說你已準備好要接受新的概念。

嗯，這就是了。」由於拼圖的每一片皆來自於世界各地彼此互不相識、對我所累積的資料也一無所知的人，這絕不可能是偶然或是我個人的刻意所為。有時候，我會由某位在美國的個案得到一些資料，然後英國或澳洲的某位個案又會對同一個資料加以說明。因此，絕對有某個什麼，有能力監看著我和所有與我合作的個案做的每一件事。由於這種情況發生得太頻繁，不論是誰在控制這一切，我都不會覺得驚訝，而且還感到很自在。接下來的這個個案便是個例子。

當我在尤里卡溫泉市催眠美國太空總署〈NASA〉的工程師亞倫時，他說「星星小孩」或「特別的志願者」受到保護，因此不會累積業力。接著下一位個案芭比來做催眠時，又對這個概念做了進一步的解釋。不論是誰在提供資料和監督事況，我都非常感謝「它們」的協助。「它們」瞭解，而我也明白，某些資料出現在地球人的面前正是時候。當然，「它們」跟我解釋了很多次，因為人類的心智應付不來，所以我永遠無法得到全部的資料。「它們」會提供類比和例子，盡可能在人類有限的心智框架內說明。

芭比進入出神狀態後，從雲端下來，發現自己置身在非常荒蕪的沙漠地帶。她是個幾乎全裸的原住民男子，正急著為家人尋找食物。他的族人在自家土地上遭到白人驅離，逼不得已住到洞穴裡。「他們想要控制，想要接管。他們認為我們沒有價值。」族人原先種植農作物的地方，現在只找得到小動物、蠑螈和昆蟲。族人們在挨餓，而他覺得自己揹負著供食的重責大任。「我們好怕會活不下去。我們很餓。我的肚子很難受。」這個男人扛下責任，把食物留給別人，自己沒吃東西就上路覓食。「我可以感覺我的胃很難受。」他最後因為營養不良而死。即使為了別人犧牲生命，他仍覺得自己讓大家失望了。他認為自己身負重任，他的死只是害得族人頓失所依。我因此安慰他，他已盡了最大的努力。他說：「問題在於營養，我的身體沒有得到適當的營養。我覺得自己必須為他們犧牲。要是我能維持**我的**體力就好了。我以為把我的食物給他們是對他們好，但其實不是。我為了大家犧牲了我的生命，因為離開了他們而難過，對他們感到抱歉。我真的應該先照顧自己才對，可是我沒有那麼做。我讓他們失望了。我如果照顧自己，給自己營養，對他們會更有幫助。那真是困難而充滿挑戰的一生。」

朵：你學到了什麼？

芭：我學到我不必為別人犧牲自己。那麼做是錯的。我將他們的生命看作是自己的責任，沒有意識到我應該讓他們為自己負起責任。那是一種相互依存。我因為沒有適當的營養，消化系統都搞壞了。我總是覺得食物會不夠。

潛意識表示，它讓芭比看到這段前世，是為了解釋跟她這世有關的消化系統問題。由於那段人生是如此短暫，我們還有時間再探索另一世。我指示她往前或往後移動，到另一個她有需要看到事件的時空。

芭：我不斷回到這輩子我還是個小女孩的時候。

有時個案會選擇回溯今生的往事，這代表有需要探索的事情。那通常是意識心已經遺忘或從來不曉得的事，但為了某個原因被潛意識提出。也許那時有某件事是芭比需要知道的，因此我決定讓她待在那裡，不去找別的前世。

芭：我有點不想過去。我覺得孤單。我感到害怕。

朵：可是你並不孤單，不是嗎？你有一個大家庭。

芭比有十二個兄弟姊妹，父母因工作太過勞累，不但沒有關愛他們，大家還飽受虐待。芭比有個孿生姊妹，她是芭比在成長過程中，唯一感到親近的人。

芭：我沒感覺他們關心過我。我的孿生姊妹也在，她跟我的感覺一樣。我只覺得孤單。非常孤單。

朵：你看到的是人生的哪個時期？

芭：我很小的時候。我們在我們家房子的外面，一條沙土路上。我和我的姊妹，還有我們的狗。

朵：即使有大家庭和你的雙胞姊妹，你還是覺得孤單。

芭：是啊。我出生的時候，有些人已經離開家了。那是個好大的家庭。我年紀很小。我看到我們住的房子，也看到另一棟房子。那裡有兩棟房子。（停頓）天空上有東西。難怪我那麼害怕。天空好像有道光。

朵：你說你的雙胞姊妹和你在一起，還有狗？

芭：我現在沒看到她。就我自己一個。有一道光。我有點被嚇到了。不知道那是什麼。（輕聲地重複說）我不知道那是什麼。就只是一道很亮的光。（輕聲）我不知道那是什麼。

朵：你覺得你需要回到房子裡嗎？

芭：（加強語氣）不！我不喜歡那棟房子！我不想回去。在那裡我覺得好孤單。我不喜歡那裡。我喜歡待在外頭。我覺得外頭比較安全。

朵：那麼當你看著那道光時，發生了什麼事？

芭：（輕語）它靠近了。現在不那麼嚇人了。它不一樣。我不怕了，只是好奇。因為這個光感覺比較好。（聲音輕柔到幾乎聽不見，只有錄音帶錄到：）我嚇了一跳！（聲音變大）光裡有東西。像是有人在光裡。他們像是在拉我上去，突然間我只是……光裡有個東西。接下來我只知道我不在了。我不在地面上了。

她的語氣像個小女孩，因此我用對小女孩說話的方式安撫她。她表現出孩子的性格，意味著她是完全照當時的情況，再次經歷那個事件。

芭：不過我閉上眼睛了。我不知道我想不想看。我感覺有人在碰我。我還是很怕。我的胃……胃裡有害怕的感覺。

朵：你想要睜開眼睛看看是怎麼回事嗎？

芭：是啊，我想我是想看的。那個觸碰的感覺挺好的。在我面前有個人。我以前看過這個有著一頭髒兮兮金髮的人。可是在我的意識裡，我記得頭髮更多。不是那麼東一塊、西一塊。她是我媽媽。我媽媽。（開始出現情緒）

朵：你怎麼知道？

芭：（氣憤的語氣）你怎麼會不曉得自己的媽媽！

朵：這是你的感覺？

芭：（激動，幾乎哭出來）對，對。

朵：你的雙胞姊妹也在嗎？還是你是自己一個人？

芭：（強忍著淚水）我現在是自己一個人。

朵：你看得到自己在哪裡嗎？

芭：（喃喃自語，然後說：）這裡像是一個房間。我在一張檯子上。（重複說上面兩句）我坐起來了。

在這次催眠過後，芭比寫信給我，試著將催眠時發生的一些事情說明清楚。「我被帶上太空船，想起自己曾經躺在那裡，往上看著我媽媽。她有一頭像是補丁一樣的金髮。我夢過這個女人，但不知道她是誰。你問我怎麼知道她是我媽，我記得那時我好生氣，畢竟每個人都知道自己的媽媽。我覺得那個問題真是好蠢。你怎麼會不知道你媽媽是誰？我現在想到那時的強烈反應就覺得好笑，但這也讓我確認了那個經歷是真實的。」

專家們可能會說，小女孩幻想出另一個媽媽，用來取代非常冷淡、工作過度而沒時間陪伴她的親生母親。但如果她要幻想和創造另一個母親，為什麼會是在太空船上呢？

這和《監護人》裡「真正的」父親來看女兒的案例很類似。在那個案例中，父親的來訪對小女孩的童年生活逐漸造成了問題，於是那個外星人告訴她，他以後不會再來了，她對他的記憶也將從意識中消除。芭比是否也是類似的情況？所有的回憶最後都只成為奇怪的夢境？

芭：（激動）和她在一起感覺真好。你去哪裡了？她說：「你有一個任務。你有任務在身，芭比。你知道的。」她說：「你知道地球的。你知道它不是真的。你知道它是幻相。你知道**你**是誰。你知道你是我的孩子。你是**獨一無二**的，但你也知道你是全體的一部分。你知道你是無限的。你都知道。我在這裡是要幫助你想起這些事。我就在你身邊。」她說：「我永遠都在你身邊。」這不是和我有關，是和**我們**有關。而我想，這個我們，就是她。她在那裡。她在幫我。她說：「我們在你身邊。我們**在**你身邊。我們一直都在你身邊。」她說：「你怎麼會認為我們會袖手旁觀？我們永遠都會幫你。」我感覺好孤單。我看到剪刀。她說：「我們不得不剪斷羈絆，好讓你有這一世。我們必須讓你獨立，讓你當個人類。但你不是人類。你只是在體驗當個人類。因為你在學習。你在學習。我們在教你。」

朵：可是她說她是你真正的母親。難道你不是出生在嬰兒的身體？

芭：不是。我沒有進入。那時不是我。

朵：你沒有在小嬰兒裡？沒有跟你的雙胞胎姊妹在一起？

芭：沒有。是不一樣的。

朵：她可以跟你解釋嗎？

芭：這和雙胞胎走失的那段時間有關。

那是芭比還很小的時候發生的事，自始至終她的家人都覺得很奇怪。她要求在催眠中探索的事情也包括這一件。她和她的雙胞胎姊妹小時候曾經走失了很長一段時間，誰都找不到她們，但後來她們卻意外出現在自家前院。

芭比的人格退出，那位被稱為芭比媽媽的存在體**對**芭比說話。

芭：那時有個交換。我們有一種方式。我看看能否用人類的詞彙來解釋。我們有一種方式可以……就某方面來說，那幾乎就像是人格交換。一個改變、互換。那時做了改變。你不是被生下來的。你看到了，但那不是你。那個你不是現在的你。當時有個替換。還有，不是的，這跟靈魂替換者並不一樣。你是對的。芭比有個未來的自己在太空船上，而且是一頭金髮的印象。那是你記憶中真正的自己。

朵：你的意思是，那並不是未來的人生，而是對她究竟是誰的記憶。

芭：對**現在**真正的她的記憶。多少也是來自未來，畢竟時間是不存在的。並沒有時間。你是在你認為有許多時間的次元裡，不過時間並不重要。

朵：沒錯。可是你的意思是你們在太空船上的人選了這個嬰兒，這個身體，要做……？

芭：這個身體會體驗到很多我們想知道的事。我們想瞭解人類體驗。芭比，這是為何在地球上，你對人類的心理學總是那麼感興趣。你對傳統的教導沒有興趣。從一開始，你就不想進入學校學習心理學。那不是你來這裡的目的。你對更深的意義有興趣，你要的是更深層的真相。但那並非人類的天性。為了決定什麼是真實的，什麼不是，你必須有這一世的生命，體驗身為人類是什麼情形。我們一直在向你表達的就是：放鬆吧，路自然會變得清楚。放手。

朵：你可以對我解釋這是怎麼發生的嗎？不是靈魂替換。你說是不一樣的。

芭：是不一樣。好，我現在看到那對雙胞胎。有一個房間。雙胞胎一起躺在檯子上。有個什麼……某種……我有困難解釋我看到的東西。

朵：盡你所能就好。

芭：有某種機器。某種……我想說的是「植入」。有某種交換或植入。他們是怎麼交換的？不是靈魂交換。雙胞胎不想經歷這一切。她們知道她們的人生會是如何。抑鬱。那個家庭的能量很低落。雙胞胎，原本的雙胞胎不想經歷。（她有困難找到字彙形容）移……不是移居。轉……？質變？某個……某部分的交換。她說：「你太勉強了。」

朵：就順其自然。用你能找到的字。

芭：她說，雙胞胎很高興……那是她們倆人都同意的事。她說：「你們都同意進入和學習這件事。」我早就在納悶了，為何我和她沒有那種一個受傷另一個也會有感應的心靈相通。她說：「那是因為你們只是看起來像雙胞胎，實際上卻不一樣。」現在的你們，這兩個存在體，跟在地球上的一般雙胞胎並不相同。你們已經知道你們之間沒有那種心靈相通。由於是雙胞胎，你們的人生是類似的，但你們是不同的人格，你們是不同的生命。你們的使命不同。你們有不同的任務。

朵：你說那是大家都同意要做的事。（噢，是呀。）那麼原先進入的靈魂怎麼了？

芭：她們很快樂。（她哈哈笑）她們在痊癒中。

朵：那麼她們沒有留下來。身體裡並不是同時有兩個靈魂。

芭：有一陣子有，因為芭比需要協助才知道如何運作。所以原先的雙胞胎一度還在。在早期的時候。啊！因為芭比對她的童年沒有什麼印象。她有時會在意識清楚的情況下來來回回。我不知道是怎麼做到的。她那時還在學習怎麼在小孩的身體裡，並且整合。所以來來回回。我們不會就這樣完全拋棄你的。唉，好悲傷。

朵：那麼原本的靈魂後來去了別的地方？

芭：對，原來的靈魂還在。有些事原來的靈魂應付不來。那兩個小女孩好難過。

朵：然後原來的靈魂怎麼了？你說它們有一陣子在一起。

芭：它們想回家。它們想休息。她說：「它們很好。它們去了一個休息的地方。它們從那個地方可以看到這裡的部分狀況。它們也在學習。」她說：「芭比，它們可以透過你的體驗去學習。那就好比它們離開了，卻仍是你的一部分。她們可以透過你的經驗學習。它們沒有那個勇氣。沒有那個力量。它們不想經歷這一切。」

朵：這為什麼和靈魂替換者不同？

芭：是不一樣的程序。

朵：你能告訴我差別嗎？

芭：讓我問她。她說很多原來的靈魂會經歷大部分的地球生命，直到抵達一個非常關鍵的點，無法繼續為止。它們不抗拒靈魂替換。那就像是那個人格自我想在放棄之前，想在放手前，想在替換之前，盡可能地多做一些。然後，情況確實會進展到一個它認為無法繼續的時候。但至少它努力過了。我的意思是，它真的努力過了。我看到決心，我看到努力。它們真的盡力了，但好辛苦啊。太辛苦了。交換就是在那個時候發生。那就像是在吸氣的時候，一呼一吸之間的十億分之一秒。吸氣和吐氣，事情就在那個時候發生。那就是神所在之處。也就是在那些時候，事情才有機會發生。

朵：那是靈魂替換者的過程。可是芭比的情形並不一樣？

芭：對，涉及了更多技術過程。我不懂為什麼……不是那個字。有某類分子……我看到附近有機器。我看到連結。他們怎麼連結靈魂……（輕聲）是怎麼做的？

朵：他們有能力用機器連結靈魂？

芭：那不像是一般機器。他們有能量。我看到了，在他們的手裡。他們的手裡有東西。（輕聲）他們是怎麼做的？我不懂。有某種轉移。當我還是個小女孩，他們在我眼中就像是直接走入身體，但事實上不是那麼簡單。要進行轉移。我一直在問她，他們怎麼轉移。（停頓）那是一種科學程序。附近有機器。啊，機器跟腦波有關。他們對腦波做了什麼，好讓它達到特定頻率。當達到特定頻率時，就會發生某類轉移。那是其他次元的技術。有時芭比會看到像是能量線的東西，那些其實是頻率。當頻率對了，人格或意識或思想就能被轉移。這跟頻率有關。

朵：我突然想到一件事。其他替換的案例完全是靈魂的互換。但現在這個聽起來卻像是，芭比原本是在太空船上的一個活生生的肉體生命，不是靈魂。（對。）而她必須用那種方式轉移。（對。）其他案例則是已過渡到「另一邊」的靈魂進入原本是別的靈魂在使用的身體。

芭：是的，這麼說就合理了。因為在轉移的那個時候……我看到兩個小身體躺在這裡的檯子上，還有另外兩個成年的生命將被轉移……正確的字是移入者。是移入者會進入。不過這裡有個時間囊（time capsule）。她剛剛對真正的自己又恢復了更多的記憶。時間囊和沉睡這麼多年有關。四十多歲是啓動的年紀。她知道她在四十歲的時候需要經歷她的恐懼。四十多歲是她覺醒的最重要時期。

朵：那是她恢復記憶，知識回來的時候。（對。）那麼移入者是原本在太空船上過著實體生活的存在體，而不是亡靈。

芭：不是，不是亡靈。這就是差別。

朵：你們這艘太空船上有能力做這個轉移。（對。）不過必須先徵得原先靈魂的同意。

芭：噢，沒錯。

朵：然後它同意回去。

芭：轉讓（身體）者會回去。

朵：所以那是個交換，只不過是用另一個**活著**的生命。

芭：我現在看到是芭比的那一個。我看到進入的幾乎是男性能量。我不明白為什麼會是男性能量，因為它們並不是男或女性。

朵：或多或少是雌雄同體？

芭：是的。我們談別的吧。

朵：嗯，我還有一個問題。那麼那個移入者（受讓者）的原本身體呢？就是在太空船上的那個？如果靈魂離開原本的身體進入芭比的身體，那個身體會變怎樣？

芭：身體會像是在停滯狀態（說到這個字時，她發不太出那個音）。是暫停嗎？是暫停。像是在睡覺嗎？像是在睡覺。你一問，答案就立刻出現。是在睡覺，因為這個次元沒有時間，所以地球人世與這個次元沒有時間上的關聯。身體會在這個……我不斷出現「狀態」（state）這個字……起頭是S。不只是靜止、暫停或妊娠停滯。是類似停滯／停止（stasis）的狀態。

根據類語辭典，**stasis**是指靜止不動、不活動、停滯。字典上的解釋是不流動或停止的行為或狀況：1.身體流體或半流體的正常流動減緩或停止。例如：血液循環的減緩。2.一種靜止平衡或均衡的狀態。停滯。

芭：為了學習，身體會進入這個狀態一段時間。它在學習有關人類的事。芭比用第三人稱稱呼人類。她說地球是人類城。那裡有人類的房舍。她想起有一次曾問到在太空船時她都做些什麼。（芭比覺得自己睡覺時曾「透過夢境」造訪太空船。）她教導人類城的事。她教導和人類生活有關的事。

朵：那麼這跟靈魂替換不同，因為身體在太空船上多少是用一種停止活動的方式等待靈魂歸來。身體沒有死。（對。）靈魂到地球出任務，但不想經歷出生的過程。（對。）經歷出生過程，它會忘得更多，不是嗎？

芭：（興奮地）喔！那會擠壓到頭。不曉得為什麼，這個答案自然而然就冒出來了。出生的過程，當嬰兒從產道出來時，記憶就中止了。因為出生過程和帷幕有關。如果你從產道出來，帷幕會更厚。好。這就說得通了。

在我跟靈魂替換者合作時，我就有過這樣的臆測。凡有過瀕死經驗或經歷過靈魂替換的人，似乎都更具有心靈能力和感應力。我從我的工作中發現，出生經驗確實會消除記憶。嬰兒專注在讓身體運作，學習爬行、走路和溝通的那段時間，也會讓人淡忘前世今生的過渡時期和靈魂來處。反之，靈魂替換者不用經歷這些消除記憶的經驗，因此帶著對來處完整的記憶進入人體，也知道如何運用心靈能力。很多人身上潛藏著這些能力，只是處於休眠狀態。

朵：所以這是為什麼她同意做這件事。這件事發生在她父母以為她走失的那段期間。

芭：她知道會是怎麼回事。

朵：那時候進入的靈魂比較有能力應付？（對。）它同意因應所有必須經歷的惡劣和複雜的事。

芭：是啊。而且會更明智踏實。

朵：她真正的母親和太空船上的人一直都在她身邊。（對。）在潛意識的狀態下幫助她？

芭：他們就是「我們」，對。

朵：太空船上的人在某個地方有個實體家鄉嗎？還是他們就是住在船上？

芭：很遠的地方有個什麼，但他們就確實是在太空船上生活。

朵：還沒轉移時，芭比在船上的工作是什麼？

芭：她是個冒險家。

朵：（輕聲笑）聽起來很像她。

芭：她熱愛星星。我們會說她就像個太空人。她是個太空旅行者。（笑聲）就像《星際爭霸戰》裡的人。她熱愛銀河。噢，哎呀！難怪芭比會那麼喜歡銀河。難怪她看到星雲和相關的一切感覺會如此自在。那就是她熱愛的事物。有幾次，芭比知道自己曾在星空中看著星星。她是透過我的眼睛去看。我們是宇宙的探索者。我們是次元的探索者。

朵：現在這又是另一場歷險了。（噢，是啊！）可是一旦進入地球上的身體，不是會有受困在這裡的風險嗎？

芭：我們知道要怎麼做。

朵：我想的是業。

芭：我們很清楚業是什麼。我們全都知道。

朵：來到地球永遠都有造業的風險。這似乎是無法避免的事。

芭：我看到的是，有個薄膜介於……我沒辦法解釋得很好。有個薄膜介於……中間有個保護。

這和亞倫說的話很像。他說有一個防護套罩在他的身邊。也許薄膜也是同樣的東西。

芭：我們知道那個拉力。我們瞭解那個拉力。我們明白存在體被捲入其中的機制。我看到調節轉盤。我們可以調和狀況。這和頻率有關。這和調節轉盤有關。芭比對頻率有興趣。她在瞭解頻率。她在學習調到不同的頻率。我們可以使用一種頻率。我們知道我們的極限在哪裡。這樣說吧。我們知道我們頂多能做到什麼程度，再下去就會陷入業裡。我們可以看到。我們能夠看到更大的全局。噢，對，那就像是黏膠。他們給我看到的東西就像是甩也甩不開的黏膠。我們了解那個風險。就好像人被抓住了一樣。我看到有東西陷入了……像是捕蠅紙。就像是人類用來捕捉小動物，困住牠們的恐怖東西。我們不想那樣。那是人類的狀況。你們人類就好像是在捕蠅紙上，努力地在上面到處走動。還有，噢，真的辛苦！對你們來說好辛苦。

朵：這麼容易就會被困住，所以要非常勇敢的冒險家才敢做這件事。

芭：我們瞭解振動頻率。我們知道調整機制的微妙界線。我看到轉盤。我們懂得如何避免，如何維持不被困住。業是你們的捕蠅紙。擺脫它吧！

朵：所以你們知道怎麼樣不會受困。

芭：是啊，我們知道。這裡有個男性很棒。他是負責監看的人。還有芭比的母親，還有我……還有芭比。很難說明這一切。

朵：是的，同時存在於兩個地方。

芭：對，同時在兩個地方。不過這裡還有一個存在體。它像是有個身體，但它沒有。它似乎是一個更大認知的存在，而且正在協助我們。我們知道何時不要被黏在捕蠅紙上。我能說的只有這些。但你們的業真的就像是被黏在捕蠅紙上試著要去擺脫的東西。

朵：這是芭比沒有小孩的原因之一嗎？

我之前已經透過另一位個案發現這個情況。請參考《迴旋宇宙2上》第九章：孩子與業力。

芭：噢，對。那會涉入更多的業。她知道自己要做的事已經夠多了。

朵：因為有小孩的話，她跟地球會有更多牽連。

芭：她的任務比較傾向於研究，跟我們想從這個次元學到的東西比較有關。我們想學的是人類體驗。

朵：經歷這些體驗，但不要被業困住。

芭：正是如此。

芭比在催眠過後寫給我的信上，解釋了她對業的印象：「業像是我們用捕蠅紙捉蟲一樣。有一刻，我看到的圖像是有口香糖黏到鞋子上，你怎麼也弄不掉。捕蠅紙就像那樣。人類很難『掙脫』。他們曾對我說明太空船上的人如何不涉入業。似乎不像我們聽說的那麼困難，因為他們熟知振動頻率，還有業力拉扯和困陷的準確頻率，所以這對他們來說不是問題。」

「那個存在體提到，地球就像是在一個振動頻率的圓頂裡。圓頂看上去像是罩著地球的薄膜，這讓我聯想到電影《楚門的世界》，演員金・凱瑞生活在一個實際上是圓頂形狀的電影布景裡，渾然不知身邊的人都是演員，一切只是場演出──就像地球一樣。」

朵：但她最終要離開這一世時，她會回到她在船上的那個生命嗎？回到那個仍然在等待的身體裡？

芭：對，她會這麼做。

朵：不是去靈界？因為我們說人死亡離開身體後會去「另一邊」（靈界）。還是你們有不同的看法？

芭：我不認為這方面有太多區別。她會經歷一般的過渡。她將經歷死亡過程去到靈界。我們是那個靈界的一部分。我們是那個一的一部分。我們是存在的一部分。我們是整體的一部分。我們全都是載具。這就像是骨牌。只不過我是較大存在體的一部分，芭比則是我的一部分。但到頭來，這都和靈魂有關。和一有關。都和存在有關。這很複雜，因為她會在我之內，而我們則是一的一部分。

朵：那個挨餓原住民的那一世和原來的芭比有關嗎？還是跟那個已經進入的存在體有關？兩個靈魂實在讓人有點困惑。

芭：部分記憶來自原來的靈魂，就是那個小女孩，小芭比，雙胞胎。我們用她們來幫助我們瞭解人類生活。

朵：像是仍在那裡的殘留物。

芭：噢，對，對。在她還沒進入這一世前，我們就能看到那個記憶了。

朵：這是為何進來的靈魂，那個移入者，沒有那些記憶。（沒錯。）那一定不屬於芭比現在的人格。（對。）屬於去休息的那一個。

芭：對，確實如此。

朵：所以對現在的她沒有任何影響。（沒錯。）嗯，這樣就清楚了。

芭：我們會協助解決所有這些實體的問題。我們說到做到，信守承諾。至於她在這裡的目的，那和時機有關。她有療癒的能力。她是直到現在才知道**我們**是誰。現在她知道「我們」的部分。而「我們」的部分就是我們都是造物主的一部分。她將會帶來一些光的能量。我看到有一道光束進來，含有加密的訊息。那是編碼。聲調。她會在一隻耳朵聽到一個聲調。她將能夠解譯。她需要在冥想時連結我並要求協助。她已經在這麼做了。她將開始解碼這些訊息。我看到光束。我看到的不是象形文字，而是比較像古希伯來文。

我不時會收到來自世界各地的文字（或符號）實例，所以能夠瞭解她在說什麼。她的話聽來跟那些事如出一轍。有很多人告訴我，他們是在光束中看到和收到那些文字或符號。

芭：我們在使用她的肉身。她很穩定。她有懷疑的精神，但不會過度多疑。她的疑慮正好讓她能夠分辨接收到的事物。就我們要做的事而言，她是個非常好的載具。我們想要帶來一些真相。她一直想把真相帶到這個星球。那是為什麼她在這裡。就像我的身體是……不是懷孕……我的身體在這個停滯狀態，但我在心靈上幫助她。我的身體需要在那個狀態，以便全神貫注地協助她。與她一起。現在會傳來資料。這道進來的光需要被擴散出去。它會到達超過她能想像的地方。

朵：她之前曾試著找這個資料，但資料沒進來。

芭：她自己封鎖了。她那時還沒準備好。她還沒有我們需要她擁有的人類經驗，以便能清楚瞭解這些資料。她老覺得這個次元很慢。

朵：嗯……我可以請求你們的許可嗎？我可以在我的工作中使用部分的這些資料嗎？

芭：噢，可以。這是我們在這裡的原因。

朵：因為我正開始像拼圖一樣地整合資訊，我需要這當中的某些部分。

芭：我們有些概念能增進人類的理解。捕蠅紙的概念就是要幫助大家。它就像你們的電視。人們黏在電視前，這是一種上癮。它也跟催眠類似。人們被催眠了，但現在該是他們離開催眠狀態的時候。是他們清醒的時候了。這點毫無疑問。

朵：我認為沒有任何事是意外。你們總是會提供我接下來需要的資料。你們大概都知道，我昨天催眠的男士先給了我有關今天的提示，就是捕蠅紙和業的部分。（請見《迴旋宇宙2上》第十一章亞倫的部分）

芭：他提到了捕蠅紙和業？

朵：他說的方式不一樣，他說就像是有一個袖套在保護他，不讓他捲入業力。芭比也談到帷幕和一個薄膜。避開業的某個方式。

芭：那就像是個圓頂，一個頻率。帷幕就像是個頻率。這是我用這個語言所能形容的了。有那麼一個頻率，它就像圍繞著這個次元的帷幕。

朵：芭比解釋得更清楚。亞倫說你們能夠學習課題，但不必陷入業的泥沼。他描述那是一種防止業黏在身上的方式。

芭：正是如此。這個世界是個幻相。你們在這裡是為了學習課題，而不是困在課題裡。芭比知道她來這裡是為了學習超脫，因為她非常執著依附。她來的時候是在一種互相依賴的狀況，因為她必須學習不要這樣。她來到捕蠅紙上。那是人類最大的挑戰。你們就像是平躺在捕蠅紙上。但她站起來了。

朵：如果原本的靈魂必須待在身體裡，會非常非常辛苦。

芭：它們不會想待下來。

朵：所以這麼做其實是讓身體活下來，維持生命。我們也能送愛給讓出身體的原本靈魂。

芭：噢，沒錯。它們收到了——人類會稱為「回饋／獎賞」。它們得到了允許這件事發生的回饋。離開的雙胞胎有時也透過芭比的經驗學習，因此也得到了幫助。而且它們仍然能夠學習，因為它們與偉大靈魂的連結。和偉大造物者的連結。

朵：她的姊妹琳達知道這些事嗎？

芭：在某個層面知道。同樣的事也發生在她身上，不過她必須有不同的體驗。（笑聲）因為她來這裡是要學習不同的事，所以她有不同的捕蠅紙。她嫁給一位牧師，一位**同性戀**牧師，她有她自己的挑戰，也經歷了不同且多樣化的體驗。不過她們兩個都經歷過非常難以忍受的事。她們不想獨自來這一趟。太辛苦了。

我準備結束這次的催眠，帶芭比恢復意識，但那個存在體還有幾句臨別的話要說。

芭：謝謝你給我們這個機會。感謝你協調相關的每個人。我們知道這些事情全都交織在一起。

朵：但我比一般人更常遇到這些事。（我們都笑了）

芭：這是你的任務。

朵：我猜至少我是在那個交織的網上。

芭：噢，沒錯。噢，沒錯。你的線可粗得咧。（笑聲）

我接著下指令，讓其他的存在體退去。當其他的存在體離開時，芭比深呼了一口氣，接著我帶她回到完全清醒的狀態。

★ ★ ★

二〇〇四年我在紐約催眠潔西時，又發現另一種靈魂替換——代管的靈魂（the holding soul）。

潔西沒有進入前世，反而是一個在宇宙各地來去的能量型態的存在體。她去的地方有非常物質和實體，也有非實體的地方。潔西是那種不必被束縛在一個特定身體裡的類型。

朵：你曾經進入身體嗎？

潔：如果想的話，一生中有很多時機可以進入。

朵：你不用在身體還是嬰兒的時候進入嗎？

潔：不用。有人需要幫忙的話，我就過去幫忙。只要有這個需要，我會待一陣子，成為他們生命的一部分。

朵：你不用待到身體死亡？

潔：有時要。有時不用。不是一定要有個身體。在不同星球和不同區域可以有不同的形體。

朵：肉體之外，你還會使用什麼形體？

潔：我知道有些不是實體。（深呼吸）這**好**難解釋。

朵：是的！我想會很難。你說你通常不會待在身體或其他形體裡直到它們生命的終點。可是如果你只是為了暫時幫助他們才進入，身體裡不是已經有一個靈或靈魂存在嗎？

潔：對，但它們需要幫助。

朵：所以，即使身體裡已有個靈魂，你還是被允許協助？（對。）我原以為一個身體裡不可以同時有兩個靈魂。

潔：我認為第二個靈魂並沒有佔據身體。我想它只是去幫忙，或增加一些有益的事。我沒辦法解釋。好難。

朵：那麼，當你盡所能完成協助以後，你就離開了？

潔：對。我想我甚至不用進入身體。我可以只待在那個人的旁邊，和他溝通，傳送他需要的能量給他。這樣做也行。

朵：那個人會意識到你嗎？

潔：你說那個人是什麼意思？

朵：肉身，處於意識**部分**的那個人。他們知道你的存在嗎？

潔：可能會覺得哪裡不太一樣吧。他們會做出跟平常不同的事。但只有靈魂知道一切。我知道他們所有的事。我只是做自己該做的，幫助他們渡過難關。沒有入侵這回事。

朵：所以靈魂知道你在做什麼。它知道你的存在？（知道。）它允許你幫忙一小段時間或需要幫多久就幫多久？（對。）然後你會離開，再去別的地方。

潔：有時候會。有時候也會待下來，如果主要的靈魂必須短暫離開身體，回到另一邊（靈界）修復自我或類似的事的時候。它們離開，我就接管。基本上就是成為以前的它們，加上它們原本的連結和力量。我會提供協助，直到靈魂回來。

朵：這麼做能讓身體，也就是載具，繼續活著和運作。（對。）為什麼靈魂必須回去修復？

潔：我想在地球上它們得不到完全的修復。這跟穿越簾幕有關。穿越帷幕。我想它必須休息，調整振動。

朵：那個人的人生，也就是載具的生命，是否發生了什麼事，使得它不得不回去修復？

潔：對。可怕的事或悲劇，或者靈魂筋疲力竭，真的無法繼續下去。

看來靈界對任何可能發生的事情都有對策。與其讓身體在靈魂回去修復的時候死亡，代管靈會進入身體一陣子，維持身體的機能，直到原來的靈魂覺得自己能繼續工作為止。而靈魂替換的情況偏向永久性的交換，與代管靈不同。

朵：你是否曾住在一具肉身裡直到它死亡？

潔：我想只有幾次。我現在就困在這裡了。我不喜歡。待在這裡很久是很難受的事。

朵：你不是原先進來的那個靈魂？

潔：我不確定。我想我是，但又不太確定。

朵：你認為你是在她出生時就進入嬰兒的身體裡嗎？

潔：（嘆氣）也許是又進又出。我不知道。我想已經過了很久了。

朵：我只是好奇，你是否在她活著的時候都在她的身體裡面？

潔：我有那個印象，但我認為不是。我想原來的靈魂做不到。那是個協議。它們會離開片刻，然後有別的靈魂來接管。這種事可能比人們知道得更常發生。靈魂會短暫共享一個身體，然後又恢復原來的情況。也許第一個靈魂是不曾有過地球生命的新靈魂。因為是第一次，所以有點試驗性質，而它覺得無法忍受。如果克服不了，還有另外兩個靈魂在後面等著以防萬一。

朵：以防它們無法做這個工作？

潔：我不知道是要工作還是只是待著。重要的是，載具要活著。因此有必要輪替。

為了得到更多的資料，我召喚潛意識。潔西說她在地球上感覺不自在，老覺得孤單。她想知道自己為何會有這種感覺。

潔：她會有那種感覺是因為這裡不是她的家。她真正的家並不是實體的世界。那是在另一個次元。就是光，很美，那裡沒有身體，沒有人。只有能量。還有另一個地方，那裡比較實體，是半固體。有高山、動物和樹木。她很喜歡待在那裡。那也是在另一個次元。

潔西在那兩個地方都沒有身體。潛意識說，她在地球上的生命只有寥寥幾世。當她不是代管靈時，大多住在其他的次元。

朵：那個跟我們對談的另一部分……是那個部分在來來去去嗎？還是這是兩回事？

潔：是它，它就是來來去去的那一個。它如果只是來幫忙，不會待下來一輩子。

朵：它現在在這裡嗎？

潔：很難解釋。因為說不出來一個部分何時開始，另一個部分何時結束。

朵：它是否多少和原先的靈魂融合了？

潔：對，但那是在能量的部分，無所謂開始和結束。還有，當你來地球幫助那些在身體裡的靈魂，那是知道靈魂都在經歷些什麼的那部分的你。你們都必須學習。你就是知道，它們是你們的一部分。

朵：潔西真正的家是在那些美麗的地方。她會有回家的一天嗎？

潔：會，但這好難解釋。在那裡很美好，可是你不會成長。不會貢獻。為了豐富你周遭的一切，你必須有不同的體驗。不是豐富你自己，因為你不是以分離的靈魂存在。這很難解釋。

這次的催眠非常冗長，因為甚至潛意識都不知道要如何說明我們被獲准瞥見的潔西的另一部分。那部分的潔西和潔西的人格顯然緊密結合，因此不曉得潔西何時離開而換它接手。這倒也不失為一件好事，它的運作也許能因此輕鬆些。代管靈顯然是別的靈魂，只是答應了要進入身體，在原先的靈魂去靈界一陣子時，維持身體的運作。這個情況和靈魂替換者不同，因為原先的靈魂打算回來繼續它的職責。代管靈會一直停留到不需要它為止，然後再去執行下一個任務。此外，當沒有在工作（或沒被困住）的時候，代管靈還可以在宇宙間旅行，展開各式各樣的冒險。下一章，我們將討論靈魂切面，或稱靈魂碎片。代管靈可能是其中一個切面，但就同潔西所說的，這太複雜了，很難解釋。

第二十九章 多重切面的靈魂

我在《迴旋宇宙1》寫過靈魂碎片的事。潛意識給了我一個概念，說我們全屬一個大得多的靈魂，這個大靈魂可以分裂或劃分自己，並且同時擁有許多生命。我們對此並無覺察，否則會因此困惑不已，因為人類的心智無法理解這個概念。此外，《迴旋宇宙1》也提到一個與此觀點一致的概念或理論：人類同時生活在平行的實相，而隨著更多的實相持續分裂，更多的實相也不斷被創造出來。我被告知，人類心智永遠無法完全理解這全部的概念。不是我們的腦袋，而是我們的心智。於是「它們」會用舉例或類比的方式，給我一些人類也許可以處理的資料。我喜歡把這些事情想成是有趣的心智練習。它們促使我們思考，但如果我們不想相信或不想深入研究，也可以只把這些當成是有意思的東西。每次我聽到那些類比都強烈感覺它們只是冰山一角或前導，而我們只要存在於肉身，大量的資訊或冰山的其餘部分就不會顯露。也許有一天我們會瞭解吧。但目前，我們該滿足於「它們」認為我們已準備好接收的內容；雖然那僅是最基本或最基礎的部分，卻有助於擴大人類心智的理解能力。

二〇〇二年期間，我透過我的催眠工作，分別從世界的兩端得到有關靈魂切面的資訊。這也許只是語義上或用字遣詞的不同，有可能指的是同一件事——靈魂分裂——只是不同的名稱。我會努力探索這些概念，看它們是相同還是兩個不同的過程。

★ ★ ★

第一場催眠是在二〇〇二年十月在明尼亞波里斯市進行。邊緣博覽會（Edge Expo）的蓋瑞・貝克曼（**Gary Beckman**）邀請我過去演講，我順道在留宿的私人住所為蜜雪兒催眠。

蜜雪兒進入出神狀態後，從雲端往下飄，她發現自己在一個陌生的環境和一個甚至更陌生的身體裡。周遭很暗，很難看得見東西，但她意識到那裡是一片荒蕪，沒有植物，大地是帶有一抹橘色調的棕色塵土。通常個案會看到不似人間的環境，往往是因為那裡真的不是人世。我必須不停地問問題，同時做好準備，因為什麼答案都有可能出現。

隨著蜜雪兒逐漸意識到她的身體，她發現自己穿著類似金飾薄片的銀色物質所製的外衣和長褲。「我正在看我的手。皮膚的顏色有點綠。」我問她有幾根手指。「我主要用三根手指。小指好小。我有拇指，但我從來不用左手的大拇指，用起來就是不對。右手的大拇指就沒問題。」她的身體感覺像男性，不過她知道自己是雌雄同體。她只有稀疏的幾撮黑髮。

她的注意力由身體轉移到背部，因為她察覺到背上揹著某種設備。「那是一個白色包包，很像手提箱。我在掃描地面。我應該要找某樣東西。嗯。我想這裡是找不到植物了。土地好貧瘠。」

朵：你知道你在找什麼嗎？

蜜：一處可以種植農作物的地方。有人跟我說這裡可能是適合的地方，但我不這麼認為。看起來好荒蕪。我不曉得我是不是來錯地方。這裡沒什麼植物，只有一些看來鋸齒狀的藍綠色小樹叢。該怎麼形容呢？看起來像橡膠。……我覺得有點害怕。不知道要怎麼辦。

朵：你為什麼害怕？

蜜：我可能沒辦法開闢出一塊以後能夠供給食物的地方。我不知道我做不做得到。

朵：那是你的工作嗎？

蜜：對。我說過我可以做到。但我想我錯估了情況。我覺得我沒有做到原先以為做得到的事。

朵：為什麼你會選這個地方？

蜜：是長老指示我來這裡的。我跟他們說我找得到地方，但我沒找到……我在正確的地方嗎？我可能迷路了。我也許沒有在做我應該要做的事。我覺得我迷路了。

朵：這裡是你住的地方嗎？

蜜：（強調的口吻）不是！不是，這裡不是。我住在別的地方。

朵：你是怎麼到這裡來的？

蜜：主要是靠思想。我把自己投射到這裡。

朵：你沒有進入一個物體或什麼的？

蜜：沒有。沒有。

朵：你的意思是你能立刻把自己傳送到這裡？（對。）有其他人跟你一起來嗎？

蜜：有，還有其他人。他們在我後面看著。他們有點生氣。他們的感覺和我一樣。我們不明白我們為什麼會在這裡。我們以為我們有正確的座標。我不認為這裡可以種植農作物。

朵：你必須為你的人種植農作物嗎？

蜜：我的人沒問題。可是所有靈魂的家庭……我們是一起的。我們全部。這個家庭裡有人沒有足夠的食物。沒有足夠的房舍。

她的情緒變得激動，開始哭泣，說的話也含糊不清。

蜜：我們的家庭裡有人在互相傷害。（哭泣）他們不給彼此食物。有些人有食物，有些人沒有。（大聲嘆氣）

朵：這個家庭是跟你住在同一個地方嗎？

蜜：沒有，他們沒有。我是聽人說的。

朵：如果他們不是在你住的星球上，你怎麼會知道他們？

蜜：因為我們會旅行到別的地方。（她仍然很激動，但開始慢慢平靜下來。）我們應該要團結。那才是我們要的。我們有些人知道，有些人不了解。我們全都為了團結而付出不同的努力，參與不同的部分，好讓我們全都能有所覺察，全都能意識到我們的連結，並停止一些瘋狂的做法。

朵：你住的地方很團結，但你們想幫助其他星球？

蜜：對。我看過兩個星球。其中一個不把食物分給需要的人。他們需要一個不同的環境。這些星球有的地方人滿為患。你可以預見那個擁擠的程度會持續惡化並形成問題，到時他們即使想分享也無能為力了。

朵：你們的想法是什麼？去另一個星球種植農作物？

蜜：（大聲嘆氣）這樣才有別的地方可以讓人學習。不必只在這些星球。

朵：你們種植農作物後，接下來會如何？

蜜：然後人們可以選擇轉生到那些星球。

朵：那麼你們並不會把人從擁擠的地方帶走？

蜜：不會。可是我看到這些星球發生的事，我覺得很悲傷。而我預料自己能幫忙減輕這些狀況，方法就是讓他們有去別的地方的選擇。

朵：你的意思是，當他們為了解決業而轉世，他們就不必再回到那些擁擠的地方？（對。）但你們不會去試著幫助那些已經在那裡的人？

蜜：不會，我們不能干涉。

朵：既然不能移動他們，那就只能給他們另一個地方，另一個選擇。所以你的工作是去找一個可以種植農作物的地方，因為如果沒有食物或活下去的方式，人們就無法轉世到那裡。（對。）你要怎麼做呢？

蜜：這就是問題了。我不知道要怎麼辦。我必須回去，試著重來一次。我不知道這裡是怎麼了。食物是第一優先，但這個地方看來並沒有我們以為的潛能。一定要有辦法耕種才行，不過這裡不像是個好環境。我可能犯了錯，以為我有座標……我想我不夠仔細。數據很重要。形狀也很重要。

朵：那就是你所謂的座標嗎？

蜜：是的。數據和形狀可以為我指出正確方向。它們可以把我傳輸出去。我不斷得到六二四四這個數字。

她的身體突然抽動了一下。她笑出聲，說：「我剛剛突然就**出去**了。」

朵：我知道你抽搐了一下。你只要想著那些數字就能立刻出去？

蜜：對。我剛剛回到了母星。我還來不及反應，人就已經到了。（笑聲）

朵：所以你必須有數字和形狀來幫助你傳輸？（對。）是怎樣的形狀？

蜜：我最常用的形狀有個底部，有一條直線，它會延伸成有一點尖尖的，形狀是……我沒辦法用你聽得懂的話來解釋。不過它有一點彎曲，幾乎像是蠟燭的尖端。

朵：像火焰？

蜜：（強調的語氣）對！它往上延伸，有點像三角形，但又不完全是那個形狀。

朵：你需要把那個形狀畫出來嗎？

蜜：用想的就好。完全是看意圖。意圖讓你能做你要做的事。但我覺得我有些沒有做**對**。我很困惑。好像我去到的是我不該去的地方。我原以為自己把座標都弄對了。

朵：你只要想一個形狀，一個圖案，還有數字六二四四，然後就被帶回你來自的地方？

蜜：對。就回到基地。

第十七章（請見《迴旋宇宙2中》）也有一個外星生命想瞭解其他星球和小行星能否支持生命，因此去收集土壤樣本並進行分析的案例。兩個案例的差別在於那個外星存在體是乘著一人太空船旅行。

朵：你每次出去都必須想著那個圖案嗎？

蜜：看是要去哪裡，數字會不一樣。

朵：嗯……那現在你回到了你屬於的地方，那個地方是什麼樣子？

蜜：有一種非常平和與寧靜的感覺。之前的感覺卻令我不舒服。能量並不和諧。感覺很緊繃。難怪我會覺得自己越來越生氣。

朵：這個地方，你的家，是什麼樣子？

蜜：（停頓）很難用言語解釋。

朵：是實體的嗎？

蜜：是的。但跟許多星球又不一樣。你看得到它，不過它不像另一個星球那麼稠密。（指物質密度）

朵：它有建築物和城市嗎？

蜜：那裡比較是種感覺。一種連結性。

朵：你們在那裡吃不吃東西？（不吃。）（她說的時候很驚訝）你們怎麼維持生命？

蜜：光。太陽。

朵：你們怎麼讓光進入身體裡？

蜜：光來自太陽。它組成了所有。那是最小、最小的粒子。甚至不是粒子。它是波。波的形式。我們都吸收它。它供應我們全體。

朵：可是當你在另一個星球時，你就離開了光。

蜜：對。我必須**非常**專注。幾乎就像是同時在兩個世界走動。很困難。

朵：你可以離開光很久嗎？

蜜：不行，不行，不能很久。

朵：所以你需要光來維持生命。

蜜：對，我需要。這就是我。

先前我已在工作中報告過這類的事。某些外星人靠光維生，他們的太空船上有製光設備，能夠供應他們所需要的光。有的個案也提到，居住在地底城市的未來存在體會做光浴。這些存在體一致表示，維持他們生命的光來自源頭。

朵：但你描述在另一個星球的你是有身體的。

蜜：噢，對。我們需要以形體去不同的地方，那是為了讓我們能在那裡，能夠融入環境。

朵：真正的你看起來是什麼樣子？

蜜：你很難看得到我。嗯……哎，我無法解釋。比較像是一種感覺而不是長相。那是……

就好像不需要語言。

朵：我只是想確定那裡不是靈界。你是不同類型的光體嗎？（對。）好，所以你現在要回去找長老，告訴他們你的座標不對嗎？

蜜：是的，我可以看到他。他有……如果你要把它稱為男性的他的話。他有一個……圓圓的頭，細長的脖子，細長的手臂。他會變形。一開始是那個樣子，現在看起來變得比較亮。這要看想法，還有正發生的事而定，形體會有一些變化。我告訴他發生的事。他有點在笑我，說我的驕傲礙事了，我因為太確信自己知道而忘記去了解細節。他沒有生氣。

朵：你怎麼認為呢？他是對的嗎？

蜜：是的。我以為我知道自己在做什麼。那跟平常的旅程好似沒什麼兩樣，但並不是。我沒有做好準備。嗯。我努力在聽。（停頓）我太快降落了。我無法用語言形容。就像是飛過頭了。我越過了……

朵：越過了座標？

蜜：對。有些事情我不會解釋。你必須要非常精確。這不只是和座標、數字有關，還有你使用數字的意圖。

朵：你要再試一次嗎？

蜜：不。他說我對於想促成的事，對於我想幫助的事太過投入，已經看不清計畫，沒考慮到使命。他說這些事難免會發生。

朵：你們的計畫，那個使命是什麼呢？

蜜：幫忙找到其他轉世的地方，減輕星球的負荷。我應該要注意的，卻太投入人們的困境，反而造成了干擾。我們有計畫。計畫更重要。並不是說人們和生命不重要，而是一切都是暫時的。你必須記得從宏觀，由客觀角度看待事情，但我有困難做到。

朵：你不該對那些人投入感情？

蜜：對，我應該要保持宏觀，要看到全局，並且意識到我們全都選擇透過這些事來學習和成長。可是我感情用事了。失去洞察。

朵：那些人選擇了要在那樣的處境裡。

蜜：我不信任他們是在做他們需要做的事。這很複雜。這是要結合對他們的信任和對計畫的信任，但又意識到有必要發展另外的事物。

朵：所以如果你們在另一個星球上種植農作物，讓他們可以過去，並不算是干預？

蜜：不算。但我陷入情緒，情緒造成了阻礙，以致於無法執行計畫。我被捲進去了。

朵：可是不被捲入情緒很難，不是嗎？

蜜：很難，很難。

朵：你不可能沒有情緒或情感。

蜜：我沒能保持宏觀。保持宏觀就做得到。但我做不到。這太難了。

我從其他個案也聽過一樣的事。來自別的星系的存在體到地球出任務時，與地球人產生太深的關聯。當發生這樣的事，他們就必須在地球輪迴轉世，回不了自己的星球。他們不知怎地造了業。

朵：他已經決定不讓你回去嗎？

蜜：對，因為我沒辦法做到。他認為我在另一個工作可能會做得比較好。或許不能下去用那種方式觀察。需要保持距離。

朵：他要你做什麼工作？

蜜：我被……我需要……我在離開了。我要去的地方似乎發生了什麼事。我還不知道是什麼事。並不可怕。我只是無法讓自己維持不動。我像是在飄浮。我要去別的地方了。

她的身體猛地抽搐了一下，然後爆出笑聲，邊笑邊說，我聽不懂她在說什麼。

蜜：剛剛被猛力一拉。（大笑）

朵：是啊，我看到你跳了一下。發生什麼事了？

蜜：我想我通過了某種真空。（她覺得很好玩）

朵：你看到什麼？你現在在哪裡？

蜜：是計畫委員會。這麼說其實不正確，但我缺乏更好的詞彙……是要決定我**現在**要做什麼。可是當你投入情感，你很難去實行計畫的那部分。我那時沒意識到會有困難。

朵：所以他們現在在看你的紀錄？

蜜：是啊，看看接下來我適合做什麼。我也可以決定，不過我們是一群人決定，因為我們大家都是一起做事。他們在給我看我即將有的生命裡的一些事。

朵：你要轉世了？

蜜：對。他們正在給我看我身為蜜雪兒的一生。（大嘆一聲）很辛苦的一生。我不是真的想去。他說，透過瞭解這一生的不同部分，這些經歷會對我有幫助。如果我能用文字形容就好了。我比較能感覺到而不是用看的。所有這些不同的經歷都有必要，這樣我就更能幫上別人。

朵：這是你當地球人的第一世嗎？

蜜：這部分的我，是的。但情形複雜得多。它讓我想到鑽石，鑽石的不同部分，不同的切面。這個切面從未來過這裡，但其他兩個切面有。我想我的靈魂不只一個部分。不同的部分就是不同的切面。

朵：其中的切面知道別的切面嗎？

蜜：（驚訝）知道，它們知道！它們會知道。它們會在這一世輪流出現。它們無法獨自因應全部的事。第一個切面會撐到十歲，第二個切面直到二十一歲，第三個切面會待到最後。

朵：為什麼人生的不同時期必須是不同的切面？

蜜：那是這個人生唯一能成功的方法。

朵：因為一個切面要經歷全部的事會太困難？會做不到？

她忽然激動地哭了起來。她越哭越厲害，沒有回答這個問題。有時候讓個案釋放情緒比較好，於是我讓她哭泣，然後溫和地試著要她再和我對話。

朵：你會答應嗎？（會。）即使知道會很困難？（對。）為什麼你要答應？

蜜：（大聲嘆氣，慢慢控制住自己）以後會有用的。（她發出一聲很大聲的嘆息）

朵：至少你知道來了會是什麼情況。沒有人強迫你這麼做。

蜜：對。這是有必要的。

朵：所以，這個有意識的身體知道這些不同的切面何時進來和出去嗎？

蜜：不，一開始不知道。我們一直意識到這個協議，但不是很完整。這是我們第一次真正明瞭自己在經歷些什麼。

朵：這跟靈魂替換並不一樣。

蜜：不一樣，因為我們不是分離的。靈魂替換是不同的靈魂。我們則是一個整體的不同部分。

朵：你們都屬於同一個靈魂。但蜜雪兒說，她覺得她在十歲左右死過一次。

蜜雪兒對那個年紀發生的事還保有部分記憶。她很小的時候母親就過世了，由阿姨代理母職，她因此搬去跟阿姨和外婆同住，但這兩位女子的心理有問題，對待小蜜雪兒的方式非常殘酷。這是造成她早年問題的主因，已被她成功地從記憶中封鎖。她的阿姨和外婆屬於撒旦團體的成員，團體會在她家舉行聚會，蜜雪兒當時並不明白發生的事。她的童稚心靈將她看到的許多事隱藏起來，唯獨一件事她從來沒能忘記。那次，她被放進某種木頭箱子裡，然後因為呼吸不過來，她感覺自己脫離了身體，往上飄浮。那個感覺是如此強烈，她以為自己死了。顯然地，她沒死，而家中也沒有人曾經談過那晚發生的事。許多年來，她一直以為這件隱約記得的事只是自己病態的想像。家人從來沒有給她任何一點有這種大事發生過的跡象。所有的記憶，特別是她曾參與的儀式，都被迫放進潛意識裡。那大概是心靈用來維持蜜雪兒心智正常的方法。這是她要求我找出答案的事情之一。她想知道箱子那件事是確有其事？還是只是孩子的病態想像？

朵：那時發生了什麼事？她真的離開身體了嗎？（對。）讓她知道那件事沒關係嗎？

蜜：沒關係，該是她知道的時候了。

朵：請告訴她十歲時發生的事。

蜜：她被放進箱子裡。她的家人過著非常秘密，從不對人說的生活。

朵：那麼她瞥見的那些事情都是真的？（強調的口吻：沒錯！）我想我們可以說她們是很病態的人。

蜜：非常！非常、非常病態。

朵：這是為什麼那個切面只能待到十歲？

蜜：對！否則它會承受不了。靈魂無法應付。

朵：她們把她放到那個箱子時，她是不是死了？

蜜：就肉體方面而言，沒有。她進入光的隧道，但她跟身體連結的那條線沒斷。那是交換資料的時機，瞭解她在那一刻之前的地球生活。新的切面需要進入。（大聲嘆氣）第一個切面非常疲累。前面十年過得太辛苦了。

朵：她跟第二個切面交換資料，好讓它瞭解發生了什麼事？

蜜：對。雖然它們對此有些瞭解，在能量上還是必須進行某種交換。好讓那個痛苦……過去的事造成的全部衝擊要是回到身體裡，它無法撐下去，對後來也不會有任何幫助。

朵：所以蜜雪兒對早年才會只有片段的印象？因為記憶留在第一個切面？

蜜：（強調的語氣：對！）當她想起時，會比較像是在看一部電影，縱使感到悲傷。第一個切面的悲哀超過所有有關的人。（輕柔的口吻）噢，可憐的女孩。

朵：她以第二個切面回來後，是否比較能應付得來？（是的。）我想那是她活下去的唯一方式。

蜜：第二個十年也不容易。

朵：但第二個切面待到了二十一歲。（對。）二十一歲時發生了什麼事？

蜜：她那時就要和傑瑞結婚了。他們其實沒有那麼緊密的連結。與其說是兩個靈魂的連結，不如說是選擇結束一個模式；脫離她與阿姨和外婆的連結模式。切面的交換有助展開新的模式。因為……我無法用言語來表達。她與傑瑞沒有感情上的連結。雖然缺乏連結的婚姻與她渴望的婚姻不同，既辛苦又悲哀，卻給了她一段反思的時間。她甚至不用和他在一起。聽起來奇怪，但那就像是一段休息時期。

朵：他只是讓她打破模式的工具，使她脫離那個情況。（對。）那麼當第三個切面進來時發生了什麼事？

蜜：那時是在臥室。我看到自己躺在床上。我記得有車子經過，我記得聽到車聲。我心煩意亂，不知道該不該嫁給傑瑞。大家都跟我說，沒有人對婚姻有把握。我的心情很低落。我知道自己沒有睡著，反而比較接近出神的狀態，有一種飄浮感。所以……在出神時，我離開了。（聲音非常輕柔，幾乎聽不到。）我覺得我現在要走了。

朵：你可以用看的就好，不必去經歷那個情況。不過你的意思是，那必須是在出神的狀態下發生？

蜜：對我來說這樣比較簡單。在我住的房子有好多秘密。我的阿姨和其他人知道實情，但不能跟我說。她們認為我不記得最好。但我一直都知道有事情不對勁。現在我知道了，她們掩蓋事實，想把事情打發掉。

朵：第三個切面是在那個出神狀態下交換或加入，還是什麼的嗎？（對。）也交換了記憶嗎？

蜜：對。它會接收記憶，但那一大堆的痛苦就算了。有些痛苦留了下來，是為了讓她學習如何清除。

朵：所以第三個切面無法全盤都接收。

蜜：對。不然人格就會分裂和破碎。

朵：有可能那樣？

蜜：分裂和破碎？有！他們會說那是多重人格。那樣就會讓他們很難幫助我。如果我有多重人格的話，指導者會很難跟我接觸。我必須是清明的才行。

朵：所以切面交換的目的是要給你更多的能力去因應後來將發生的事。（沒錯。）它必須交換記憶，但保留某些感受，要不然會感覺不合理？

蜜：沒錯！

朵：你不能完全沒有記憶，至少在那個年紀不行。

蜜：對，沒錯。

朵：那麼蜜雪兒醒來後有感覺到什麼不同嗎？

蜜：有。我覺得：「為什麼我要嫁給這個男人？」（笑聲）但我還是嫁了。

朵：你覺得自己變了個人嗎？

蜜：對！我確實有這種感覺！我當時就知道結這個婚是錯的。但我很困惑。

朵：所以第三個切面是待到現在的這一個。（對。）而且會一直待下來？（對。）它比其他兩個穩定，而且可以應付更多創傷。

蜜：它與協助清理的知識有更多的連結。

朵：你說她在進入這一世之前有兩個切面，她的兩個部分曾在地球上生活。

蜜：對。切面一和二。

朵：第三個是沒有前世的那一個？（對。）它是更直接來自於光體的那一個。（對。）所以每次她記起前世的時候，都是來自其他的兩個切面。（是的。）如果這樣形容沒錯的話，這一個比較純粹。有更直接的連結？

蜜：是的，它能夠取得更多的直接知識（指能夠直接理解）。

朵：這是她能夠運用能量工作的原因？

蜜雪兒不久前開始以雙手進行能量療癒。

蜜：對。它就是來做這個工作的，來幫助別人。她幫助人們看到問題。你無法為人們做他們自己該做的療癒，所以她只是工具。她能夠引導許多光，幫助他們的身體想起很久以前曾經有過的合一，好讓他們能重新連結。她並不應該做所有的療癒，因為這是個有自由意志的星球，對方也要同意才行。她希望他們能當自己命運的主人。他們需要成為自己的主人；他們自己的療癒者。我們需要讓人們覺醒，並且記得。因此她協助他們記得，幫助他們解除痛苦，以便能回到他們的光裡。

朵：你提到人們忘了很久以前分裂的事，你的意思是？

蜜：我們全都屬於一個大家庭。我們在光裡都是平等的。

這時候，錄音機錄到了奇怪的現象。有一個嘈雜的電子干擾聲，聽起來像是規律的靜電，不過不像靜電那樣波動，只是規律的電子干擾。那個聲音持續了十秒鐘，蓋掉了錄音帶上所有的聲音，然後又忽然消失。催眠當時我並沒有察覺有任何不尋常的事，但錄音機錄到了。在那個聲音停止後，我繼續聽寫。

蜜：……他們甚至相信他們很壞。他們在肉身裡太久，忘了他們的光。他們被灌輸的事情並不是真的。

朵：這是為什麼有時他們認為自己很壞的原因？

蜜：對。她提醒他們，他們不等同於他們的**經驗**，那些只是為了幫助他們學習的經驗。

朵：學到課題才重要。（對。）但如果我們都是同家庭的成員，為什麼很久以前會分離？

蜜：啊，這是今天這個工作一開始就出現的一幕，不過我那時不瞭解，所以有點把它擋住了。從它展現的樣子，我確定它是象徵性的，我需要瞭解它。我看到一個光球，所有的人從光球掉出來。那時我想，為什麼我們在往下跳？但我們分離／分裂是為了擁有這些體驗。我們全都是光球的一部分。我們全為一體。

朵：我們最後要用這些體驗做什麼？

蜜：有一天我們都會回去。那會更令人滿足。讓我看看我是否能感受那種感覺。這個真的很難詮釋，我不知道能不能形容得出來。（停頓）這有點像是經歷過戰爭的人。你聽過那些並肩作戰的人。他們真的幫過彼此，或是共同經歷了很多事，所以相互之間會有很不同的連結感。當所有的事情都結束後，他們會有一個永遠斷不掉的連結。我們之前有過連結，但沒有那個體驗。

朵：你的意思是像同袍間的情誼？

蜜：對，更緊密的連結。對整體來說，我們真的都很重要。我們每一個。每個人都有整體的一小部分。他們的靈魂會為他們找到。你和你自己的所有部分都有連結。而我感覺到所有我想念的人都重聚在一起。所有我以前就認識的靈魂。就像是我們全都合併並且一起回去。

蜜雪兒的人生確實充滿了挑戰，往後也會持續如此。她原以為自己永遠不要小孩，卻又突然決定收養一個女嬰。隨著小女孩長大，有些地方顯然不太對勁。小女孩現在九歲了，她被診斷為躁鬱症，雖然有清醒的時候，但她在大多數時間是暴力且有自殺傾向。蜜雪兒愛她，但感到非常無助。她的先生無法承受這個挑戰，與她離了婚，留下她獨自照顧女孩。蜜雪兒的潛意識說，這是她在進來前就同意接受的挑戰。她在長老委員會審核時就已看到這一切。她同意了要在這一世學習困難的課題，為的是瞭解如何當個人類。蜜雪兒所擔負的絕對是艱辛的一世，儘管如此，她仍奉獻自己的時間，用她的能力療癒他人，這實在很令人欽佩。

★　★　★

一個月後，我身在世界的另一端，多重切面的靈魂概念又被提起。這在我的工作中已是屢見不鮮的現象。每當我從一位個案身上得到一個新概念，我通常會再透過另一位個案得到有關那個概念的更詳細資料。不論是誰在指導我的工作，顯然都決定了我在成長的每個階段所應得到的主題，這令我覺得很不可思議。而且「它們」使用個案的出神狀態傳遞這些資料給我。除了這個解釋，沒有別的可能，因為個案完全不曉得我和其他人的催眠內容。每一次的催眠，我都只專注在個案和他們的問題上，而且沒有談及他人的問題或催眠過程的必要。個案似乎被用來作為對我傳遞訊息的工具。有人曾這麼說，我會吸引那些擁有我所需要的資訊的個案。不論是怎麼回事，這些都不是在有意識、刻意的情況下發生。

以下的催眠是在二〇〇二年十一月，我在澳洲雪梨的身心靈博覽會演說期間進行。那時我才剛結束在博斯（perth）的活動演說。主辦單位安排我住在一間舒適的兩房公寓，而不是一般的飯店房間。公寓俯瞰達令港，氣氛很好，走路就可到達身心靈博覽會所在的會議中心。一如往常，我把等待名單中的個案排進我的行程。在他們出現之前，我從不知道他們的問題是什麼，或是要求被催眠的原因。

凱西是位聰明、有魅力的四十多歲女子。她有很多問題，但她最想知道的是幾年前發生的事。她那時正經歷人生的巨大創痛，每一件事都不對勁，她先生在那段時間過世，而最後一擊是她乳癌確診。化療和放射線治療迅速耗盡她的體力，也使得她的求生意志低落，她對生活的現況非常厭倦。她受夠了，決定自我了斷。在這麼做之前，她想再跟所有的朋友見最後一面。她很仔細地計劃，在家裡舉辦聖誕派對，邀請大家過去。沒有人知道開這場派對的真正原因，她也完全沒有跟任何人透露她是要跟大家道別。每個人都玩得很開心，她也是。她成功地隱藏了真實的情緒，沒有人懷疑她會在他們離開後自殺。當最後一位客人離開後，她準備要著手接下來的計畫，沒想到發生了一件不尋常的事，使得她的計畫生變。她原以為自己成功地保持無動於衷，然而在大家都走了以後，她竟不可遏制地哭了起來。她很渴望離開這段不幸的人生，去到另一個世界，她連自殺的方式都仔細計劃好了，但她現在卻覺得情緒和體力完全透支，連執行計畫的力氣都沒有。她決定延後一天也無妨，於是便上床睡覺。

以下文字來自凱西的筆記：「凌晨三點，我醒了。我閉著眼睛仰躺著，透過眼簾，我可以感覺到明亮的白光。但當我睜開眼時，房裡仍是一片漆黑。我躺在那裡，納悶是怎麼回事。我忽然看到一道光投射下來，進入我的身體。它從我的兩腳進入，一路跑到我的頭，使我全身充滿了光。我的眼睛仍然閉著，但可以看到自己全身是光。我在同時也感受到一股電或強大的電流流遍我的身體，而且一樣是從我的腳到我的頭。」

隔天早上，她的感覺整個變了。一切似乎都煥然一新，自我了結和離開人世的渴望完全不見了。她不知道發生了什麼事，只知道她的生命在那一晚徹底改變。此外，她的乳癌好轉，因此不再需要接受更多痛苦的治療。她只能猜想也許發生了靈魂替換。依據我的經驗，通常那個人並不會意識到靈魂的交換。但也許有什麼理由需要凱西有足夠的覺察，知道有奇怪且不尋常的事情發生。

凱西催眠的主要問題就是要發現那晚是怎麼回事，因此我沒有引導她進入前世，而是直接帶她回到派對當晚。她從雲端下來，進入了二〇〇〇年十二月十七日。我確立場景，確定我們沒有找錯日子。「你正和好朋友們在開派對。」

她突然驚訝大叫，打斷了我的話。「我不在那裡。」

朵：你不在那裡？

凱：對。那不是我。
朵：你還是能跟我說說那天的事。
凱：我看不到。

我知道潛意識具有個案所有事情的紀錄，因此這種情況從來沒能阻止我獲取資料。我問它能否提供資料，凱西卻突然崩潰，失控痛哭。我知道在這種情況，我必須使她開口說話，好讓她從情緒中脫離。「你能告訴我為什麼你這麼激動嗎？」

凱：（邊啜泣邊說出了幾個字）可以……它很重要……非常重要。
朵：什麼很重要？
凱：那一天。
朵：可是你和所有的朋友歡度了一場開心的派對，不是嗎？
凱：（她漸漸平靜下來，仍在啜泣，但逐漸控制住自己。）是啊……是有一場派對。（啜泣）很悲傷。（啜泣）好悲傷。（嗚咽）那是一場悲傷派對。因為……那是結束。（抽噎著說）一場結束派對。（啜泣）一個告別的派對。（哭泣）
朵：凱西那天很激動嗎？
凱：她在對……盧欣達道別。（嗚咽）

朵：盧欣達是誰？

她邊啜泣邊說，說得並不完整。我努力瞭解她想表達的意思。

凱：她是出生時進來的靈魂……也是……非常掙扎的那一個。（啜泣）非常痛苦的那一個。人生是如此悲傷啊！

她不停地哭泣，情緒激動，不論說什麼都很難聽得懂。

朵：為什麼她必須那麼辛苦？

凱：（她終於平靜下來，能夠清楚說話。）噢！她選了一條很難走的路。她**總是**，**總是**選擇難走的路。

朵：但這是她自己選的，不是嗎？

凱：對，是她選的。是她讓人生**這麼辛苦**。（啜泣）她不知道還能有其他的方式。她以為那是唯一的方式。這個人生對**她**來說很困難，可是她也讓別人很不好過。她之前沒有意識到這一點。她只看到自己的痛苦，沒看到她導致別人的**痛苦**。她給她的媽媽帶來好大的**痛苦**。她讓她生命中的人，和她一起成長的史蒂芬很痛苦。他們小時候玩在一起，後來成為情侶。但她甩了史蒂芬，令他**痛苦**萬分。她很自私，只關心自己。（大嘆一聲，但至少停止哭泣了。）

朵：她並不在乎傷害別人？

凱：對，她是為了讓自己感覺好過。她很自私。盧欣達很自私。她意識到自己並沒有學到（課題），所以想回「家」。她認為這是在浪費時間。

朵：你的意思是在身體裡活著是在浪費時間？

凱：（恍然大悟）噢！好吧！所以有別人進來了，她叫「雅妮」。她進來幫她，指導她。雅妮陪了她最後一個月。因為雅妮比較「高」，懂得比較多，所以幫助盧欣達學習。她一點也不自我。她幫助盧欣達，讓盧欣達能夠離開，而且離開前還能學到一些事。

這聽起來很像靈魂的不同部分，只是凱西給她們取了名字。也許這樣做對她來說比較好瞭解和解釋。

朵：但難道盧欣達沒有意識到她對待別人的方式會產生業力嗎？

凱：沒有。她完全不懂。

朵：她就是個很自私的靈魂。（對。）雅妮進來前，盧欣達和她談過嗎？

凱：盧欣達和雅妮同意，她們會一起努力。盧欣達想回家。為了離開，為了回家，她創造癌症出來。接著她也明白自己在浪費生命。她浪費了在這個身體裡的機會。她**痛恨**這點。**她痛恨這點！**（再度變得激動）她意識到自己浪費了所有歲月。她意識到自己沒有學到課題。（說這些話時，她一直很激動。）因此雅妮說，她會進來，在盧欣達離開之前和她一起，幫她學會一些課題。這樣的話，盧欣達回去時至少有完成些事。雅妮幫助她釋放了很多恐懼，幫助她變得比較平衡。雅妮幫助她做好離開的準備。

朵：沒有方法可以讓盧欣達留下來嗎？

凱：她不想。

朵：我想她既然開始跟雅妮學習……

凱：沒有，事情決定了就是決定了。雅妮想進來一陣子，盧欣達也同意了。盧欣達答應離開。那不是問題。她願意實現承諾。

朵：這樣盧欣達就能在另一個世界有所進展？（對。）聽來她似乎對肉體生活還沒準備好。

凱：她只是欠缺覺察。她做什麼都很自我。她陷在物質裡，還有身體的**愉悅**。她被金錢、貪婪、自我和性吸引。噢，她甚至還有上癮問題。酒精。她也沉迷於酒精。

朵：所以她體驗到身為人類的所有負面部分。

凱：對。她不想待在這裡，而有別人想進來，於是她同意這麼做。她們決定盧欣達在地球上的最後一個月由雅妮陪著一起努力，好讓她學到一些事並能移向較高的層面。盧欣達同意十二月離開。她們訂下了時間。二〇〇〇年十二月。

朵：她以為她是在向朋友道別。因為她以為她會死於癌症。

凱：當她離開時，她知道身體不會死。凱西的**意識**知道是道別的時候，但不清楚究竟是怎麼回事。

朵：所以她才邀請所有的朋友和親戚來參加派對。（是啊，是啊。）可是當雅妮進來時，身體就不需要疾病了，不是嗎？

凱：對。雅妮進來了。她是很不同的能量。雅妮是第一批人。地球上最初的能量。

朵：那麼她是非常古老的能量，不是嗎？

凱：噢，對。她是先鋒。他們是一群能量一起來到地球。他們就是人們認為的神祇—荷魯斯（Horus）（譯注：古埃及法老的守護神）。他們來的時候是一個形體／形狀（shape），到這裡時他們必須找到身體。他們找到了。那是一開始的時候。她後來在二〇〇〇年回來了，因為她需要把那個先鋒能量帶回這個星球。地球需要被注入許久、許久以前進來的同樣能量。雅妮就是帶了那股能量來。

這和英格麗與愛西斯的能量回到地球協助的案例很像（請見《迴旋宇宙2上》第四章）。兩者在這中間都沒有過其他人世，回來是因為世界此時的發展需要那股能量。

朵：你能告訴我們那晚在靈魂交換的時候發生什麼事嗎？那是凱西想要知道的事情之一。

凱：雅妮進來了。她已經在那裡好幾個月了。她們一直在編辮。

朵：什麼是編辮？

凱：編辮就是……就像是一條辮子。（手勢）

朵：交織？

凱：對。兩個靈魂共同合作。有時一個會擔任引導的角色，有時換另一個。所以凱西有時會感覺很自我。有時候她是雅妮，有時候是盧欣達。有些時候，她覺得自己是個美好、很有靈性的存在體。那是當雅妮主導的時候。她們合作得非常好。就像跳舞。她們一起跳舞。學習、教導和研究。那是段美好的時光，因為盧欣達覺得自己有個朋友。很美好。

朵：一個不同類型的朋友。

凱：對。她學到好多。

朵：所以兩個靈魂同時棲息於同一個身體是有可能的事？

凱：是的。不過當盧欣達離開後，那是很大的解脱。

然而，她們並非兩個不同的靈魂，而是同一個靈魂的兩個部分。

朵：因為兩者使用同一個空間很辛苦？

凱：是啊，她們是那麼的不同。而且這樣雅妮才能**發光**，才可以做她自己。

朵：你可以解釋那晚發生的事嗎？凱西說她那晚上床睡覺後，有股非常強大的感受。

凱：可以。她們跳了最後一支舞。那是盧欣達與朋友相聚的一晚。雅妮只是在後面，在幕後。而盧欣達……很有趣，她那晚的感覺很麻木。

朵：你的意思是沒有感覺還是遲鈍什麼嗎？

凱：麻木，像是感覺不到什麼情緒。麻木，情緒上的麻木。

朵：即使她是跟朋友在一起。

凱：是的。啊，她知道那是道別。她需要保持那個狀態，因為如果她讓情緒失控，大家就會有警覺。沒必要那麼做。他們不知道她要走了。他們沒必要知道，因為也不是會有喪禮。（笑聲）那只是一個秘密。她知道她要走了，那晚其他人則沒有必要知道。

朵：她想要死，但事情並不會那樣發生？

凱：對。她改變想法了，因為雅妮想要進來。她說把身體給雅妮沒有關係。那晚，她暗自道別後便上床睡覺。凌晨三點，她和雅妮最後一次共舞。一曲華爾滋。用華爾滋的滑步轉圈。然後盧欣達走了。她從這裡離開了。

朵：她去了哪裡？

凱：（哭泣）她去……她加入她的朋友。（啜泣）那些人。她回家了。鬆了好大一口氣。（哭泣）

朵：她沒有因為做了不適當的事而被批判？

凱：（激動痛哭）她受到歡迎。（哭泣）我認為他們真仁慈。他們歡迎她回去。

朵：他們大概意識到她並沒有準備好要進入身體。

凱：對，她選了很辛苦的一生。因為選了很難的一生，她倒是因此加了些分。

朵：所以，她跟那些人之間有了業就不重要了？

凱：啊！她必須那麼做。（她在試著瞭解，暫停了說話。）那是在平衡業力。因為——我收到史蒂芬是——（她看到的事令她震驚，還發出了驚恐聲。）噢！噢！史蒂芬，她認識的那個男孩，那個被她傷得很深的男孩，他……他砍了她的頭。

朵：在另一世？

凱：噢，對！噢！好殘忍！（啜泣）

朵：所以，她對他的傷害是因為因果。

凱西大聲嗚咽，變得很激動。她所看到的事令她非常難過。後來她提到這一幕時，她說她清楚看到史蒂芬的臉。他看著凱西被殺，滿臉的愉悅。凱西看著看著，身體不由得畏縮起來。

對講求邏輯的人類心智來說，表面上是凱西因為傷害了史蒂芬而造了業。但從另一個世界看到的全局，顯然不是那麼簡單。史蒂芬前世砍了凱西的頭，製造出非常負面的業。

凱西這一世對他的傷害事實上是最高的公義。至少還給他的不是如業因那麼極端。

朵：她也傷透了她媽媽，不是嗎？

凱：是的。（震驚）噢！她媽媽……那是**這**一世的業報。她媽媽這世。她媽媽一直是眼界狹隘，表現得像是她的孩子都很完美。她以那種武斷的方式和批判，傷害了好多人。她認為她的孩子完美無瑕，而讓她知道她的孩子並不完美則是盧欣達的工作。

朵：因為盧欣達肯定是不完美的。

凱：對。噢，那是在平衡業，是她媽媽的課題，要教導她媽媽不要那麼批判。不要那麼不公平。讓她放寬心胸，幫助她用另一個眼睛去看事情。不是她肉身的兩隻眼睛，而是另一眼（第三隻眼）。

朵：所以表面上她像是創造了許多負面的業，選了一條很難的路，實際上都是有原因的。事情並不是那麼簡單。（對。）通常都是這樣，但當我們活著時就是看不清楚。（對。）所以，雅妮接管了身體。（大鬆一口氣）凱西說，她知道那晚有事情發生。

凱：（恍然大悟）噢！那本來就是要她知道的事，因為她必須幫助別人，所以本來就該**知道**。（又哭了起來）她必須幫助別人瞭解。如果她沒有意識——有好多人有這些經驗，卻沒有意識到。她必須**知道**。那是這個新切面的工作。凱西就是要來開啓這個的。就像**你**教導了許多有關「另一邊」（死後世界）的事，她的工作是教別人關於靈魂的事。

關於身體並不是被**擁有**。它是給地球的禮物。每個身體都是給宇宙的禮物。進入身體的靈魂有那個**權利**。我們認為我們**是**我們的身體。我們的自我與身體綁在一起。我們以為我們**是**某某人。我**是**凱西。但誰是凱西？凱西其實是許多聚在一起的能量，為的是將這一世的生命帶到超越想像的境界。所以，她這一世可以對許多生命造成影響，幫助別人有意識地進化。幫助人們**接受**靈魂**能夠**來來去去，而不被關在裡面的計畫。不要對擁有身體太過自私。我們不**擁有**身體。身體的存在是為了服務人類。甘地不擁有身體，他的身體只是個載具。許多靈魂都投入了甘地的工作。許多靈魂進出過那個身體。他**知道**，而且歡迎。馬丁·路德·金恩是另一位；他不只是一個靈魂，而是帶來不同天賦和新思想的許多靈魂。它們將那個載具帶到更高層級的一致和愛。（輕聲地說）他知道。他知道他在這裡要做什麼。

朵：但那個人有意識的部分並不知道發生了什麼事，是嗎？

凱：有些人可以。有些人可以開放心靈去接受。需要有個觸發點去打開心。一旦被觸動，心智就能接受各式各樣的理解。這就是凱西的工作。她觸動啓人省思的點，使人們開啓心靈。

我們被告知，凱西不僅得到她的靈魂的新切面而繼續這一世，她的身體也已被改變為**新的**身體。顯然地，這個改變是別人從外表看不出來的。

凱：新的凱西很不一樣。舊的凱西是在一條加快速度的道路。她承擔了非常困難的人生。新進來的必須解決過去世的業。要釋放身體細胞裡的東西。所有被困在那裡的東西都來自於舊靈魂。而新進來的已經協助釋放了身體細胞裡的舊東西，並帶她進入一個美妙、美好的平衡，還有和諧與愛。

朵：所以新的凱西跟最初的不是同一個人。

凱：很不一樣。天差地遠。用了好幾個靈魂的安慰來處理那段人生，才把它帶到現在的層次。

朵：但這不是會隨著個人成長和學到課題，當一個人成熟後就會自然發生嗎？

凱：不，不是這種，不是。因為那需要很長的時間。許多住在地球的人到死都還沒學到課題。而有些人隨著成年卻變得越來越自我中心，而且越來越多的恐懼。這個星球上有好多的**恐懼**。隨著他們年紀增長，他們卻越恐懼。因此，人隨著年紀增長而得到智慧不能說是正常的事。許多人並沒有得到智慧。

朵：為什麼雅妮那個靈魂切面不能一直待著？

凱：噢，她想。但這會阻礙成長。

朵：為什麼？她是個很先進的靈魂。

凱：(恍然大悟)噢！她的工作只限於她所做的那些。帶入新能量。維持計畫能實現的空間。她是個「代管」的靈魂，一個過渡期的靈魂。而且在此同時，計畫仍在發展中。

如果雅妮想回去，她可以回去。她可以是這個計畫的一部分。但如果一開始時就是她，那麼**這個**計畫就無法被帶入。這是非常高層級的加速成長計畫，成長幾乎是瞬間的。這個計畫將帶人們到達遠超乎我們所想像的境地。

★　★　★

靈魂是由許多不同切面組成的概念在另一場催眠中又被提起。以下只節錄相關部分。當時我是在拉斯維加斯舉行的靈魂替換者的討論會上做催眠。我正對潛意識談到露西的問題。

朵：她想知道她是不是替換露西這一世的靈魂？她有必要知道這件事嗎？由你們決定。

露西是研究靈魂替換並舉辦這些會議的委員，自然對這一點很好奇。

露：我們不會說那是靈魂替換。我們會說她比較是一個空間存在體，在一次的轉世裡有很多不同的化身。人類對等的概念可能是「靈魂替換」。但那不是我們使用的詞彙。我們會說她這一生當中，有許多不同的靈魂體來探視，但都是她自己的靈魂。因為她是空間導向，許多空間存在體都在她的掌握範圍裡。

朵：這跟我曾被告知的靈魂碎片相像嗎？

露：它比碎片要大。我們偏好把它們想成是切面或片段。當你們想到一棟房子或大樓的構造時，你們會想到裡面有許多房間。每間房間都是房子的一部分。那就是她的靈魂配置。每間房間或靈魂片段或切面都帶有不同的記憶和不同且平行的空間關係。那是為什麼她有這些不同的經驗。

朵：所以那不是我們所知的靈魂替換者的現象。

露：那是一種靈魂的交換，因為其中一個可能會離開，而另一個可能永遠不再出現，但它並不是透過死亡的過程。第一個靈魂並不是隱退或被傳送到一個完全不同的存在體。它是休眠似地閒置下來，不再被使用。

朵：我們認為的靈魂替換者是原本的靈魂離開，然後替代的這個靈魂會接下工作。

露：這也是個概念。我給你的概念或許更加複雜，因為這個靈魂能夠取得並使用許多不同的靈魂結構。她可以使用十三個。它們都在她的靈魂內，沒有外來、不和諧的特性。

★ ★ ★

來自另一位個案的催眠內容：

朵：她還有一個連她自己都覺得奇怪的問題。我明白，但想聽聽你們怎麼說。她說她時不時會有一種感覺，好像她在紐約是和兩個不同的女子互動。那是真的嗎？（眞的。）那些時候是怎麼了？

琳達：她們是交替的靈魂。她的其他片段住在其他次元做著她的工作。

朵：我就是這麼想的。我在工作時被告知過這樣的事。但這對一些人來說太複雜了，不容易瞭解。就好像她的另一個部分去了別的方向。你們的意思是這樣嗎？

琳：我們必須在所有的層面、所有的次元裡療癒，才能達成我們需要達成的事。我們有援助。那些都是她的一部分。而且還有更多。

朵：她們創造出跟她現在的生活很不一樣的人生。（對。）有時候她能跟她們接觸。

琳：對。她去那裡調整她們。

朵：她們對她的瞭解，大概不比她對她們知道得多。

琳：她們一直沒意識到她。她看顧她們。她們有工作要做。

朵：去年我才聽說我們會分裂出去的這個概念。

琳：你們有許多部分。

朵：每個人都是，對嗎？（對。）可是我們沒有意識到那些部分，而且本該如此。

琳：你們沒意識到。你們很快就會相聚在一起。

朵：那麼我們都會知道真正發生的事？

琳：對。我們全都成為一體。到時，我們會前進。

朵：我聽說過意識的提升和振動與能量的改變。你說的是這個嗎？

琳：是的。當我們的意識成為一體，我們會以一個星球的身分前進。負面的力量將被留下。我們會帶著那些能夠前進的一起走。我們的職責是提升每個我們接觸到的人的意識層級。而且療癒他們。你知道的，你已經看過許多許多次了。人們的意識會進入正面的光芒。他們在校準。他們逐漸意識到在不同次元中的彼此。他們將會醒來並成為一體，然後一起前進。事情將會是本該的情形。負面的事物將被留下。他們將全體共創新的生活。

★　★　★

朵：我現在寫的書在探討一個概念。身為人類的我們並不是個別的靈魂或靈，而是靈魂的碎片？

安：沒錯。

朵：你能為我解釋得更清楚嗎？

安：可以。你和許多人來自不同的宇宙。有好幾個不同的神之源頭（God sources），這事實上被視為一個來源。就你們對宇宙的瞭解層級而言，每一個宇宙有它自己個別的神之源頭。這每一個源頭又會分為其他個別的源頭，而每一個個別源頭總是會回歸到一個主要源頭。你們每個人都在你們的內在創造自己個別的源頭，因為你們這麼選擇，為的是瞭解你們在這個物質層面必須有的意識高度。這個振動層級對你們來說非常侷限。由於你們已經做了這個選擇，所以你們事實上是有意識地決定要以一個分離的源頭生活，雖然你們與主要源頭仍透過索線有著連結。

朵：我們要怎麼認知這個主要源頭？這個神的源頭？

安：祂永遠都在你們心裡。我會用你們最容易瞭解的方式告訴你。使用你頭部的額葉來接通；就是你們稱為「前額」的地方。你們的前額有個成分會分泌一種液體。當你們分泌這種液體時，它會傳遍全身，讓身體其餘部位的能量到達較高的層級，因此你們便能接通你們的源頭。那裡就是源頭所在，就在你們的額葉。那是你們的連結，你們的線，你們所稱的索線（指銀線）連結的地方。

朵：我們認為的第三隻眼的地方？（對。）但我想瞭解靈魂碎片的事，因為和我合作的個案說到處都有他們的碎片。

安：是的，沒錯。這是思想過程的一部分。你們獲准創造一個實相，而在這個實相裡，你們可以創造另一個實相，而在那個實相裡，你們能創造新的能量源頭，而一切都來自於你們稱為「神之源頭」的同樣源頭。

朵：這是為什麼這對我們來說那麼難瞭解，因為我們是那麼專注……

安：（打斷我的話）不難。總是會有人天生對這些概念有較高的領悟力。他們就是比較會解譯。你只是需要接觸到這些能將這些概念轉譯為讓人瞭解的形式的人。如果你要求這些人出現在你的生活裡，他們將會如微風般地自然出現。

朵：我也是被這麼告知。到處都有我們的靈魂碎片，只是我們沒意識到。

安：我們是彼此的雙胞胎。

朵：以這個方式而言，我們就像是彼此的一部分？

安：你們是的。你們來自同一個源頭。是什麼讓你們以為每個人都不一樣？

朵：我們人類認為自己是個體的觀點？(我笑了)

安：很受限的觀點。

朵：我們是很受限。

安：你們選擇要這樣的。受限不是壞事。你們因為要經歷一些課題才做這樣的選擇。我們瞭解。我們因為透過這個身體說話，我們也瞭解這個個體。它也一樣。我們知道這些事。沒問題的。

朵：是的，因為這是人類唯一的認知方式。但這些大多超越了一般人的概念。

安：沒錯。

★　★　★

這一世可以比擬為在一個大型管弦樂團中演奏。你當然無法同時演奏所有的樂器，你只能專注在自己那部分的美麗和弦，然而，是整個管弦樂團和整首曲子組成了全部且真正的你。

★　★　★

我在演講時，常被問到靈魂和靈的不同。「它們是一樣的嗎？」「這兩個字可以互換嗎？」「它們指的是兩個不同的東西？」這個問題一時把我問倒了，我並沒有適當的答案。在那時候，我以為它們是同一件事，只是兩個不同的字彙用來表示出生時進入身體並在肉身死亡時離開的生命力。我猜想那是從上帝創造它的那一刻起就永恆存在的我們的部分，雖然在輪迴轉世時會從一個身體換到另一個身體，並隨著蒐集到更多的資料和償還業力而有所改變，但那是我們最恆久不變的部分。我在早期的寫作都抱持這個觀點，認為這兩個字可以互換、在語義學上指的是同一回事，只是看你想選擇使用哪個而已。

如今，在增廣了學習和理解之後，我已經可以從不同的觀點去看這個問題。我在工作時被告知，當上帝把所有的靈魂帶入創造，那個情形就有如大爆炸理論。我們如同發射出去的光的細小火花。有些火花變成人類靈魂，有些成為銀河、星球、月亮和小行星。創造已經開始，而且從那之後便沒有停止，一直在擴展中。當我詢問個案從哪裡來，還有他們是怎麼開始的，很多人都看到自己是個別的火花或光球。不論他們看到自己在地球或眾多其他星球上的無數前世裡有過什麼樣的身體，那些都不過是穿在身上的外衣。我們被困在身體裡是為了完成工作，達成目標。我總是說：「你不是一具身體！你是**有**一個身體！」

我們是如此依附著肉身，往往對這點視而不見。但就像是穿在身上的衣服，身體終有一日會磨損，並且必須捨棄。「真正」的你是那個小小的光的火花。我現在可以理解這等同於「靈」，因為它會從一個身體到另一個身體。靈是靈魂在某個化身的個別表現，因此它是有限制的。它從較大的「靈魂」分離出來，本身是侷限的。我們在肉身時以它為焦點，因此我們與更大的靈魂，那個更大的自己的極大智慧有所阻離。然而，非這樣不可，要不我們無法生存於此。如果我們意識到情況不只如此，而自己是與那榮耀光輝的更大自我分離，我們絕對生存不下去。

我發現一些個案想要回到他們感受到最多愛、覺得最自在，直覺上最渴望去的地方（《迴旋宇宙1》即收錄其中一位個案）。當他們回到那個地方時，我非常驚訝。那不是我們在肉身死亡後所去的靈界。那個地方遠為偉大和浩瀚。他們進入了一個美麗、溫暖和舒適的亮光。那是「家」。他們說，當他們在那裡時，有一種和大家同在的美好感受，感覺自己是整體的一部分，而他們再也不想離開。如果想要一個更好的定義的話，那裡被稱為「上帝」。祂也被稱作所有生命起源的「偉大的中央太陽」。即使只是在催眠的短暫期間與這個整體再度團聚，個案總是體驗到極大的喜悅。當他們被派出去學習課題和獲取知識，而因此要離開源頭的時候，他們總感到極大的失落感，而那種分離幾乎令人無法忍受。原來只有的一體，現在分離了。即使我們在意識層面上對那裡一無所知，那裡卻是我們每個人暗自渴望回歸之處。不過，根據我發現的資料，我們要直到完成所有的課題，取得我們能夠取得的所有知識，才能回去與祂重聚。回歸祂，與祂分享我們所學到的一切是我們的天命。就這個意義而言，我們不折不扣是上帝體內的細胞。

若要進一步解釋靈魂和靈的定義，我想這可以被看作是一種向下延伸的系統。上帝、一、萬有一切、全能、源頭、造物主（不論你怎麼稱），分裂出其他的組成，稱作團體靈魂、超靈，一個更大的能量複合體。它是有生命的，但以一種對人類思維而言相當陌生的方式去體驗生命。它的整體具有的能量太過龐大，不可能全擠進一個身體裡。《迴旋宇宙1》曾提到，如果一個個體的總能量試圖進入一個空間與我們對話，屋子裡的一切將會全毀。那個力量與能量就是這麼巨大。因此，靈魂（soul）結合了無數個別的靈（spirit），而它們全都是「你」。我們既是這個更大的「靈魂」的一部分，也是上帝的化身。然後，對我們的小腦袋而言更複雜的是，又有好幾個靈魂編組。

然後，它會再度分裂為個別的靈。這才是我們現在所體驗到的較小碎片，這是我們所專注並賦予人格的部分，也是肉身死亡後會前往靈界的部分。在它獲取足夠的知識並回歸整合到超靈之前，它顯然一直維持個體化。這一切遠遠超乎大多數人類心智所能理解。我們滿足於把這一次的存在當成全部。這是為什麼我們對無法解釋的事情總是給予簡化的說明。

從本章的資料看來，當遇到緊要關頭，超靈會分裂或送出它自己的切面，讓其他部分的靈魂交換位置。我們至多能理解這是一個充滿愛與關懷的安排，個體永遠不會承受超過他們所能承受之事，或是經歷超過他們同意在任何一世要面對的境遇。不論我們有朝一日是否能夠完全理解這些概念，至少這些是很好的思考練習。如果不是透過我的幾位個案，我怎麼也想不到會有這樣的事。「它們」顯然認為我們已經準備好，可以處理生命的更深層意義了。

因此，再次地，上帝是存在的，還有各個不同的超靈、較小的靈魂組成或複合體，以及個別的靈。

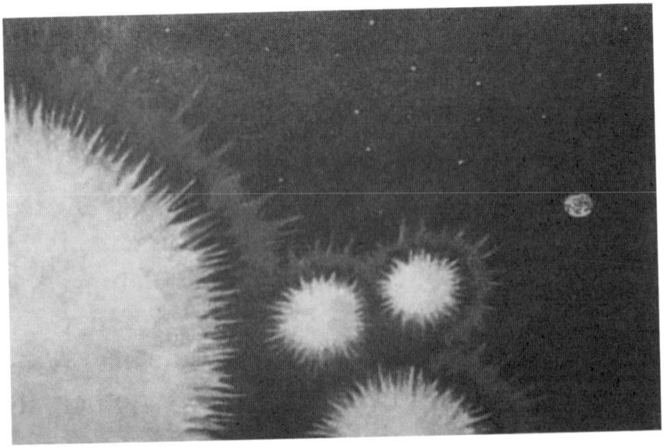

第三十章 新地球

我們在星期天去教堂（或教會）做禮拜時，都聽過下述的聖經經文：「我又看見一個新天新地，因為先前的天地已經過去了……我（約翰）又看見聖城新耶路撒冷由神那裡從天而降……我聽見有大聲音從寶座出來說，看哪，神的帳幕在人間，祂要與人同住，他們要做祂的子民，神要親自與他們同在，作他們的神。神要擦去他們一切的眼淚，不再有死亡，也不再有悲哀、哭號、疼痛，因為以前的事都過去了。……看哪，我將一切都更新了。又說，你要寫上，因這些話是可信的，是真實的。……那城內又不用日月光照，因有神的榮耀光照……凡不潔淨的，並那行可憎與虛謊之事的，總不得進那城……不再有黑夜，他們也不用燈光、日光，因為主神要光照他們，他們要做王，直到永永遠遠。」（啟示錄第二十一、二十二章）

自從聖經被撰寫以來，教會就提出許多不同的解釋。但是直到目前為止，《啟示錄》的內容仍然像謎一般地難以理解。本書裡的說明，是多位個案在深層催眠狀態下所傳遞的內容；他們似乎握有答案。他們多次描述「天國」（Kingdom of God）為光明之地，他們因為與造物主（Creator）、「源頭」（Source）重聚而滿心喜樂。在那個時候，他們都成了「光之靈」，而且並不渴望回到地球的實體形態。這解釋了詩篇的一些含意，但是有關「新地球」的預言又是如何？再次地，答案似乎透過我的多位個案在催眠過程中傳來，而我是在把書中資料匯整之後，才發覺跟聖經的說法非常類似。我們談的都是同一件事。《啟示錄》的作者約翰使用他那個時代的用語和他的詞彙，把他看到的寫入書裡。這在今天也是如此；我的個案必須使用他們所熟悉的術語。我因此明瞭，我們看到的只是即將到來的新地球的一小片段，但那已是他們所能做的最好描述了。不過，它至少讓我們能夠一窺這個美好和完美之境。

我在工作時聽過許多關於一切都是由能量組成，形體和形式只是因頻率和振動決定的說法。能量永遠不會消逝，它只是改變形式。我也被告知，地球本身正在改變她的振動和頻率，而且正準備提升到一個新的次元。一直以來，都有無數的次元在我們周遭，只是我們沒辦法看到，因為當振動加快，它們對我們的眼睛來說就是無形的，但這並不影響它們的存在。在《監護人》書裡，我解釋外星人如何使用這點並藉著提高和降低他們太空船的振動頻率來進行時空旅行。有時候，我們也會在毫無覺察的狀況下往返其他的次元。我在《隕星傳奇》乙書討論過這個議題。所以，我在過去其實就已經觸及這個主題，但當時並不瞭解它的完整意義，直到我開始收到越來越多相關資料。「它們」希望我們知道得更多，因為「新地球」很快就要來臨。這將是個重大的事件。當然，甚至在聖經裡，它也被描述為「近了」。而現在，當世界準備轉移、進入新次元的時候，我們也確實能夠看到並感覺到它在我們周遭產生的一些作用。

「它們」說過，當頻率和振動增加時，我們會越來越注意到身體所受的影響。我們當中有許多人能夠感覺到在存在的另一個層面，有些事正在發生。為了適應正在進行的微妙變化，我們的身體也必須有所改變。這些身體症狀有些會讓人不舒服和擔憂。「你會看到並注意到，當地球繼續提高她的振動頻率時，你們能量阻塞的症候也會比較減輕。」

我的許多個案被告知他們必須改變飲食習慣，以便適應新的世界。我們的身體必須要變得比較輕盈，這意謂在飲食上排除難消化的食物。在催眠中，個案們一再被告誡要停止吃肉（尤其是牛肉和豬肉），主要是因為這些動物飼料裡含有添加物和化學品。這些化學物質和人工成分會沉積在我們的器官達六個月之久。要把這些毒素從身體過濾和移除會很困難。我們也特別被告誡不要吃動物蛋白質和油炸食物，因為對身體有刺激作用。「在多年的錯誤飲食後，它們會讓你的身體系統惡化。我們不是要批判，但是身體是被設計為特定類型的載具，如果密度和毒素污染了人體環境，身體就無法提升頻率到更高的次元。」

當然，如果你能幸運找到不含毒素的有機肉類，那會比較安全。「它們」說雞肉和魚比較好，因為比較容易消化，但最好的是「生鮮」水果和蔬菜。這表示這些蔬果生食要比煮過的好。我們也被提醒要少吃糖，喝更純淨的瓶裝水和不加糖的果汁。最終，當頻率和振動持續增加，我們將會適應流質飲食。身體必須變得更輕盈才能揚升。「當地球上的能量持續提升並且更純化的時候，你的身體需要跟著轉變。」當然，這些說法沒有一樣是新的。我們多年來都聽過這些和營養有關的事實，但在一切開始變化的時候，我們就更有必要注意我們的飲食。

在二〇〇一年，「它們」為了讓我改變飲食和生活方式，激烈地介入來引起我的注意。在進行催眠時，不誇張，「它們」簡直是對我用叫喊的來表達觀點。二〇〇一年，我在佛羅里達州的時候，身體因為脫水很不舒服。「它們」訓斥我，並要我停止喝我的「標準飲料」——我貪喝多年的「百事可樂」。「它們」完全改變並改善了我的飲食習慣。到了二〇〇二年，我的身體已經清除許多毒素，我也能感受到之間的差異。過了幾個月，我的身體才算是所謂的「解毒」了。

「它們」只要一有機會，就會讓我知道「它們」仍然在監看我。當「它們」看到我又悄悄回到舊有的習性，責罵就免不了。在英國進行的一次催眠時，「它們」說：「你的身體已經被教導如何處理你將要合作的新能量。不要忘了，有些能量和你們無法調諧。但在現在這個階段，或許不是把這些能量丟開或推開的時候。因為你對它們不熟悉，你會想：『它們不對』。然而它們是被吸引到你這裡，你要問：『它們是什麼？』事實上，它們是新的能量。也許它們正在重新調整你的身體，移除你體內的毒素。尤其是你的腎臟將要跟過去無法接受的能量合作。只要接受這是清理的程序，它就會發生。」

「它們」接著告訴我一個為飲用水注入能量的做法，這樣做可以幫助排毒。「你的身體有百分之七十是水，地球也有百分之七十是水，所以水的重要性簡直難以想像。也因此你喝進身體的水的共振非常重要。當你喝水的時候，使用你擁有的知識來能量化所喝的水。把知識傳進去。成螺旋狀進入。想像水在旋轉，產生朝順時針和逆時針兩個方向轉動的漩渦，形成正面和負面的關鍵。你必須使它失去平衡。想像有個思想能量進入了水裡，這個能量旋轉並形成了渦流。這就是這個能量的作用。然後思想會將水能量化，重新把這個星球接納的生命力導入水中。在地球上的所有流體，不論是岩石，或是液態流體，都是以較慢或較快速度移動的流體。每個事物都有對本身的共振和記憶。人類已經失去對自己（本質）的共振和記憶，但是水可以再次供給能量，人類思想形式的過程也可以有助（水的）共振。你要記得，灌入能量的一瓶水，它的效果可能只維持幾個小時。你也許會需要重新導入能量。在喝任何液體前，你也可以進行同樣的程序。對食物也可以這樣處理。食物只是流動較慢的液體。這會對身體有幫助，並且幫助淨化和創造在你們思維形式裡的清晰，因為你們已經不再那麼清明，運用這個技巧，清明就會恢復。」

★　★　★

以下是我收到的一封來源不明的電子郵件內容：

時間實際上正在加速（或崩解中）。幾千年來，地球的舒曼共振或地球的脈衝（心跳）都是每秒七點八三個週期。軍方一直將此當作非常可靠的參考指標。然而，從一九八〇年起，這個共振已經在緩慢上升。它現在超過每秒十二個週期的頻率！這意謂著我們每天的時間是少於十六個小時，而非原本的二十四小時。

時間的加速和縮短，就是正在增加的頻率和振動的跡象之一。

★ ★ ★

個案：自二〇〇三年起，將有一股能量流入，推動著地球。在將被留下來和前往新地球的群眾之間將會有更大的分裂。結果將是地球的振動提升。這正在影響整個宇宙。這不只是地球的事。這是銀河的事。

★ ★ ★

以下是有關我們的身體與整個世界將經歷的次元轉換的更多資訊，那些到時沒有轉移的人將無法發現或感覺到其中變化。

「我們的身體跟周遭的一切，現在正在增加它們的振頻並調整到新的頻率。身體的每個細胞開始在快速中振動並轉變為光。這種轉換一旦開始，身體溫度會增加，然後身體開始發光。當每個細胞以極高的速率振動時，你們將從正常的視力裡消失並進入到一個更高的次元。這是因為身體的振動已經超出了第三次元，它現在是在一個更高的次元上振動。這也表示，你不再會經歷死亡的過程，因為你將有個光的身體。你不會變老，老化對你不再存在，因為你已經進入了下一個次元的實相，你接著就能進入靈性進化的下一個階段。」

「它們」強調，在人類歷史中，這曾經發生在某些個體和小團體身上。不過現在之所以獨特，是因為這將是有史以來第一次整個星球轉移到另一個次元。這將是新地球和新世界，聖經將此描述為新天新地。那些尚未準備好的人會被留下（如聖經所述），繼續處理他們的業力。他們甚至不會意識有任何事發生。那些尚未領悟的人將必須回到另一個更稠密的負面星球，去解決他們仍有的業。他們無法進入「新地球」，因為他們的振動不符合新地球的頻率。

★　★　★

幾年前，我在研討會的專題討論小組遇到安妮．科克伍德（Annie Kirkwood），《瑪麗給世界的訊息》（編注：此瑪麗即爲聖母）乙書的作者。她描述在靈視中看見像是新地球的演化畫面。她似乎是從外太空觀看，畫面看起來像是有兩個地球，一個疊在另一個之上。兩個地球之間有幾條閃爍的細小光線。接著，就在她注視的時候，兩個地球開始產生拉鋸，就像細胞要分裂成另一個細胞一樣。其中一個地球往一個方向移動，另一個則朝反方向。在其中一個地球上，她和其他人大叫，「是的，是的，它真的發生了！我們做到了。我們真的是個新地球了！」而在另一個地球，她聽到她姊姊的聲音，「她有夠瘋的！到處告訴大家這些瘋狂的事。然後什麼都沒有發生！她剛剛死了！」因此，看來當最終的事件發生

Created by Michael R. Taylor （MT）

時，有些人甚至不知道有任何事發生。這就是那些到了新地球和被留在舊地球繼續沉陷在負面的人的分離。

我後來在某個演講場合解釋這個靈視，會後有位男子走向我。他說：「我要你知道，我是個商人，通常我不會有什麼是我無法合理解釋的經歷。但是，當你在描述兩個地球分開的時候，這個禮堂突然消失了，我發現我在外太空。我看到它的發生就跟你描述的一樣。我看到兩個地球分開，新的疊在舊的之上。」他顯然受到很大的震撼。他說他回家後會試著把他看到的景象用電腦製作出來。一週後，他以電子郵件把圖寄給我們。彩色的圖更生動美麗。然而，從此圖仍可看出，脫離舊地球的新地球散發著光芒。我在徵得他的同意後使用這張圖片。

★★★

以下是由不同個案提供的有關新地球的資訊：

這位透過V說話的存在體有著低沉、嚴肅的聲音。

朵：我從不同的人身上得到好多資料。他們說地球正在經歷過渡期，他們說地球會提升到另一個振動，地球在改變振動。

V：這整個想法是，我們必須要讓人們再擴展一些。我們必須讓這個層級再提升一些。當我們做到的時候，我們就能造成改變，對他們來說也會容易些。那些我們無法促使改變的，將是被留下來的一群。到時情況會很可怕。我們沒辦法讓他們明白。我們無法讓他們去愛。

朵：那麼那些會改變的將進入另一個世界？另一個地球嗎？

V：那就像是擴展到另一個次元。讓我想想該怎麼對你解釋。就像提升，如果你能瞭解的話，就像我們將要提升到一個不同的振動頻率。我們可以看到發生的事，但我們無法再給他們任何幫助，無法再幫上他們。

朵：是像分離嗎？就像有兩個地球？你是這個意思嗎？

V：噢，不，不是。那是次元的改變。我們將從這裡到這裡（意指在原地進行）。而那些不能改變的將留在原來的地方（指次元）。

朵：當我們進到另一個次元，它也是個實體的地球嗎？

V：它就像我們現在的世界。

朵：那就是我說兩個地球的意思。

V：是的，沒錯。但他們不會察覺到我們。請上帝幫助他們，上帝幫助他們。因為情況對他們來說會很可怕。

朵：他們不會知道發生了什麼事嗎？

V：不，他們會知道。這就是整個概念。他們會知道，但那時太遲了。

朵：你說他們會被留下來，他們無法加入另一個世界。

V：不能，他們要改變他們的振動已經太晚了。他們無法立刻改變，必須要一段時間才能改變頻率。我們已經致力於這項工作一段時間了。它必須滲入和影響你的身體，而且它必須是慢慢地改變和提升你的振動。當事情發生的時候，對他們來說太晚了，但他們還是會看到的。他們會死亡，但他們會看到，而且會從中學到。

朵：那個世界會仍然存在，但不會一樣了？

V：不會是很好的狀況，不是，不是很好的狀況。在那個世界不會有很多人留下來。不會很多。

朵：到時會有很多人死亡？

V：對，但我認為他們很多人會是沒有痛苦的死去。我認為他們會活到目睹事情發生。而且我認為上帝會為他們免去可怕的痛苦。我祈禱會是如此。

朵：但是那些轉變到新振動的人，到了一個相同的實體世界……

V：（打斷我的話）是的，但有些人甚至不會察覺到他們轉移了。有些人會。那些一直努力於此的人會知道。

朵：他們會知道有些人被留在原來的世界嗎？

V：我不這麼認為。他們會覺察到改變的發生。我不確定那是不是意識上的察覺。讓我想想。（停頓了一會兒）我們來進入這個次元，這樣我們就會知道了。……有些人不會知道。但他們會感覺到什麼。他們會感覺到不同。就像是種潔淨，一種明亮、清朗。一種清澈……一種差異。我知道是什麼了。他們會感覺到差異。他們將感覺到愛。

朵：所以，即使他們沒有朝這方向努力，他們也會被帶去。

V：是的，因為他們已經準備好了。

朵：而其他的人沒有……

V：他們沒有，他們沒有準備好。

朵：所以，他們被留在負面裡？你說過這整個世界會在那時候改變。

V：是的，那些能夠轉移到新地球的人就會轉移。而那些不能轉移的就沒辦法進入新地球。情況對他們來說會很可怕。

朵：那會像是兩個世界。

V：是的，兩個世界同時存在，但不會一直察覺到對方。

朵：我知道當你在一個不同的次元，你不會一直察覺到另一個次元的存在。但這就是你要傳達、要讓人理解的訊息：我們應該在還能做、還有時間的時候，散播這個關於愛的訊息，儘量讓更多的人轉移到新地球。

V：愛是關鍵。因為上帝是愛。愛是上帝。而且愛是至高的力量。那就是我們需要在生活裡去感受的。我們需要給予彼此愛，並感受彼此的愛。

朵：是的，愛一直是關鍵。因此，他們在試著告訴更多的人，好讓他們一起去新地球。這是這件事之所以迫切的原因。

V：迫切的是我們已經沒多少時間了。就把自己準備好吧。什麼，你說什麼？告訴她什麼？

她在聽其他人說話。先是一陣含糊，然後低沉嚴肅的聲音又回來了。

V：告訴你……準備好。準備即將來臨的改變。很快了。準備好……她（指個案）不是一個好的載具。她以前沒這樣做過。我沒辦法把我的想法經由她傳達給你。我必須處理一下。讓我們淨化這個載具。噢，是的！嗯……那裡。好多了。

朵：你想告訴我什麼？

V：必須幫助所有的人類。告訴他們很快要發生的事。變化，次元的變動。那些能聽到你的人會聽的。他們會為次元轉換做好準備。（她又回到正常的聲音。）那些聽不到的人，也不會接受這個說法，因此（笑聲）他們會認為我們瘋了。但也有些人，他們可能不知道。可是這會在他們心裡點燃火花。當事情發生的時候，他們會準備好，因此也能轉移。他們可能不知道它即將來臨，但是他們的內心會有所準備，因此他們也可以轉移到新地球。那些不知道它即將到來的人，如果我們跟他說了，訊息就進入他們心裡，然後當發生時，訊息會浮現，而他們也有了準備。

朵：轉換了次元的人會繼續過去的生活方式嗎？

V：不，不會，會更好。不同的。更長久的。

朵：我們會繼續肉體生活嗎？

V：喔，在那個次元的肉體，是的。但在這個次元，不會。

朵：但我的意思是，如果我們轉換了，我們會……

V：（打斷我的話）你的意思是，你會活下去或是死亡嗎？

朵：我們會繼續過我們所知的生活嗎？

V：是的，有些人甚至不會注意到改變。你瞧，我們在他們頭腦裡植入的那個小東西，將幫助他們進行次元的轉移，而他們可能甚至不會知道。但他們會知道那些摧毀。他們會看到毀壞。他們將看到發生的事，而且他們會看到屍體，但是他們不知道他們已經成功轉換次元了。他們不會覺察到這個事實：他們之所以不是躺在那兒的屍體，是因為他們已經通過轉移，而那個變化並沒有影響他們。

朵：你說到把東西置入頭部的事。你指的是植入物嗎？

V：不，不是、不是。我指的是一顆種子，一個想法。他們在意識上並不知道，但在內心，這個種子將會幫助他們。它就像火花，當時候到了，他們的心智就已經在潛意識層面接受了。

朵：我聽說我們會活得更久？（譯注：指在新地球）

V：更久，更好。學習。情況會好上許多。過了短暫時間後，人們會學到更多。他們會知道更多。他們更能覺察事物的狀態。他們可能不知道他們何時做了轉移，但之後他們將會知道。在經過一段時間後，他們會知道發生了什麼事。

朵：而那些沒有準備好的人會被留在另一個地球。

V：是的。

朵：而在這兩個世界裡，會有很多人甚至不知道戲劇性的事已經發生。

V：另一個世界的一群會知道。他們會死，但他們會知道，因為那就是他們所學到的課題。一旦他們死去，他們就會知道。他們會看到真相。他們會明白他們錯失的機會，但是他們會從中學到。

朵：我也被告知，當他們轉世的時候，如果他們是負面的，有業要還，他們不會再回到地球，因為地球已經有很大的改變。

V：除非他們已經轉移了，已經改變，要不他們不會被允許回來。

朵：我聽說他們會去其他地方處理業力，因為他們已經錯過了機會。

V：是的。有些人會是這樣。有些人或許會有機會回來。但那要一段時間，很長很長的一段時間。

朵：在此同時，我們將繼續往前，在一個全新的世界裡學習新事物並且進步。

V：真是個美麗的世界。一個充滿光與和平的世界。人們在那裡和睦相處，而且關愛彼此。

朵：它仍然是個有跟我們現在一樣的家庭和房子的實體世界。

V：一個比較聰明的世界。

朵：（笑聲）哦，我能瞭解。

★　★　★

另一位有無法解釋的身體症狀的個案，以下述方式描述了新的身體：

S：她比較認同她未來的身體。它還沒真正地入駐，還沒有安頓下來，但已在那裡了。這個未來的身體有她的本質，或者說，部分的她。她的本質在與未來的身體融合，這樣她就會習慣這個未來的身體。

朵：身體會有什麼實質上的改變嗎？

S：是的，有一些。身體會更強壯，而且更年輕。她現在的這個身體將可以被療癒，但她需要未來的身體。它會更輕盈，更有能力。她現在就有這樣的感覺，她的本質已經和這個未來的身體融合，並且獲得提升。

朵：所以她現在的這個身體會被改變？

S：它基本上會被留下來。身體會轉變，而不需要的部分會漸漸消失。

朵：所以這不是留下一個身體，然後進到另一個身體的情況。

S：不是。較新的身體和較舊的身體會逐漸地大部分融合在一起。但是舊身體會有特定部分不再是需要的。這些會自己分解。

融合的速度可能很緩慢，緩慢到我們甚至不會注意到差異。除了某些人在身體進行調整時所經驗到的身體症狀。我聽說老一輩的人可能對身體的變化較為覺察。然而不需要擔憂，擔憂沒有好處，因為這是一個自然過程；現在發生在每個人身上的是新地球進化的一部分。

★ ★ ★

這是取自二〇〇二年一段較長的催眠內容，這個案例顯示個案與外星人的關聯。外星人提供了許多資料，包括他們可以做什麼（或被允許做什麼），以修正人類對地球所造成的傷害。

P：他們在移動我……進入未來。他們在移動我的身體。哦，我的天呀，我頭暈了。

我下指令讓她冷靜下來，這樣她就不會有任何生理的影響。她冷靜了下來，也穩定了。移動的感覺散去了。這個經驗也發生在跟我合作的其他個案，當他們穿越時空的速度過快時就會這樣。

朵：他們現在給你看什麼？

P：我看見的就是光。就是光的燦爛爆發。星球被一道具有不同顏色的特殊光衝擊。這些不同色彩以不同的方式影響人們的意識，但它不只影響人。它也影響到植物、動物、岩石、水和一切。它是某特定類型的白光，包含了所有的顏色。它會變化和移動，並且滲入穿透到地球的核心。我看到它從地球核心出來。我猜想他們是從太空船朝地面射，然後光觸及地球核心，從核心反彈，並由內往外地影響了所有一切。如果你站在地球上，你會感覺有能量從你的腳底上來，然後從你的頭頂穿出。

朵：這跟一般光線的路徑正好相反。

P：這不一樣。光是從太空船射到地球核心，然後再彈回。它可以影響整個地球。他們不希望我們把自己給炸掉。

朵：這是發生在二〇〇六年的事，還是發生在未來？

P：這是未來。他們將要這麼做！校正這個星球的位置，避免讓不好的事情發生。二〇〇六年。

朵：二〇〇六。那時候我們讓地球更失序了嗎？

P：是的，沒錯。哦，在地球上有些人正在祈禱，但是不夠，因為一片混亂。地球快脫離了它的軌道。這會影響到宇宙的其他部分。所以他們把這些能量導向地球核心，它會向上彈回，校準地球的位置。當校正準線後，它也會改正這個星球上的許多其他事情。它會幫忙解決洪水氾濫、乾旱等等人類為地球製造的災難。地球不會毀滅。議會確定這不會發生。這些存在體在地球觀察，他們知道是怎麼回事，而且他們知道是誰造成的，他們能夠影響這些人。並不是我們沒有能力干涉，只是我們沒被允許干涉。

朵：因為有些事情你們不能做。

P：沒錯，但是我們可以觀察。而且我們知道是誰造成的。

朵：但是每當人類傷害地球到了很嚴重的程度，那就是你們能夠幫忙的時候了嗎？

P：那就是我們將傳送這些……的時候……我看到很多顏色的光。它就像彩色的能量光束，向下射入地球核心。然後光從核心彈回，影響了整個地球；它會保持地球在一個直線上。

朵：很多太空船都在這樣做嗎？

P：這是一種聯盟關係。我看到很多太空船。我看到不同層級或各種類型的生命體在影響地球。我們也在其中。有許多、許多的存在體。

朵：所以這是一個大規模的工作。

P：一種聯盟關係。是的，沒錯。

朵：但是把東西射向地球核心，不是很危險嗎？以前不是有出錯過嗎？

我想的是亞特蘭提斯的毀滅。毀滅的部分原因是因為科學家把巨大水晶的能量朝地心聚集。它產生了太多能量，這是造成地震和海嘯的主因。

P：這不是你想的情形。這是純粹的光能量。而且它對地球只會有好的影響。它不會傷害這個星球。

朵：我在想他們在亞特蘭提斯做了什麼。

P：這不一樣。我很難解釋。這是發生在靈魂層面。它就像純粹的神性能量。它不是亞特蘭提斯的那種能量。亞特蘭提斯的能量是透過原子能。這個能量是神透過光所創造的能量。它不是利用拆解分子結構而產生。這是我們已經創造的能量，而且我們從「源頭」傳送。來自「源頭」的一切都是好的，它不會傷害地球。它會依我們想要的去做。我們已經被允許這麼做了。這是因為地球已經讓我們採取這個行動。這是必要的。

朵：這不是干預嗎？

P：不是。我們不能干預這裡的人。我們不能下來，然後威嚇脅迫他們，告訴他們要做什麼。但是我們能夠帶來太空船，把這種能量導向地球的核心。我們可以這麼做。這事實上是在靈魂層面。因此，我們沒有干預這裡的人的業力架構。地球上的每個人都有他的業力目的，我們並沒有干預。我們不被允許。我們不會做那樣的事。

朵：當你們發射的時候，地球上的人會看到嗎？

P：他們會感覺到。換句話說，他們會經歷轉變。他們不會意識到發生了什麼事。有些人會。敏感的人會知道有些什麼事發生了。但是地球上的許多人只是會繼續過他們的正常生活，而他們將被提升和改變，地球也會改變。岩石和水也是。人們將繼續生活，因為我們不會影響到業力的模式。我們不能那樣做。我們是在靈魂層面上執行，這不會影響到他們的地球生活和因果模式。我們不去管那些。

朵：但是在你被允許去做之前，地球必須是到了某個特定的時候。

P：二〇〇六年。情況越來越糟。現在已經非常、非常糟了。如果它被允許繼續，空氣將傷害非常多的人類。而我們涉入的原因在於，人類的身體吸進被污染的空氣，這正在改變他們的基因遺傳。我們不能讓這種情況發生，我們也不會讓它發生！我們給了這個星球的人基因遺傳。然而現在他們弄砸了他們的飲用水、食物和他們的星球。這裡的每樣東西都被污染了。人類已經破壞他們的基因遺傳，我們要修補它，因為他們不能弄砸我們的實驗！這是一個神性的實驗，他們不能把它毀掉。我們將會改變它。

想知道更多有關人類一開始就參與的偉大實驗的資料，請閱讀《地球守護者》和《監護人》。

P：我們必須這麼做。整個地球已經被毀壞了許多次。你知道亞特蘭提斯，那裡發生過許多次爆炸和洪水。這是我們不容許現在發生的事，因為它將影響到宇宙的其他部分，而地球也越來越不在應有的直線上。我們不只要校準地球，我們也將幫助淨化和清理地球上的一切和每個人的基因結構。這個意見已經被提出，而且被同意去執行。因為人類已經到達清理的速度比不上破壞速度的時候了；在人類破壞我們創造的基因結構之前，我們必須及時清理。

朵：因此地球只要再稍稍偏離，就會影響到其他的……

P：地球已經影響到其他的——不只是你所知道的實體界的文明，還有更高的層面。這就是為什麼我們要做這些事的原因。

許許多多的宇宙彼此交織和互相連結，如果其中一個宇宙的轉動或者軌道被擾亂，它會影響所有其他的宇宙。在極端的情況下，這可能會導致所有宇宙的崩陷和瓦解。這也是外星人監測地球的原因之一；偵測因人類的負面影響所導致的問題，並提醒其他的銀河系和宇宙，以便提出對策。他們必須知道地球在做什麼，這樣別的宇宙、銀河系和次元才能夠保護自己並生存下去。

朵：我認為如果你要在地球上進行像那樣的大規模方案，人類就會看到所有的太空船。

P：哦，你真是典型的地球人！不，你看不到我們的船。我們是在不同的次元。這宇宙有許多不同的振動頻率。你們甚至看不到那個光，但它在那裡。到了某個時候，你們的科學家將可以偵測到這類能量。到了某個時候，科學家將可以判定我們在大氣層裡，而且他們會看見我們的太空船。他們將會有能夠測定我們太空船位置的機器和裝置。但是他們現在沒有這個技術，因為我們已經穿越面紗，可以這麼說，我們是在星界領域或稱星光界。它是更高層的界域，一個更細微精妙的層面。你們的眼睛看不到，但在未來科學家會有機器可以看到。

朵：但是他們會知道在能量層面上有事發生。有什麼在改變。

P：它會改變，人們也會改變，但他們無法察覺發生了什麼事。它將是件大事，但是他們在實體層面無法分辨。在靈魂層面，他們知道。在潛意識層面他們會知道，但在意識層面不會，因為你想的是實體的能量，這不是實體的能量，這是來自神的能量。這是靈魂能量。它是在一個跟你所想的不同的次元運作。它非常不同。

朵：所以人們會感覺得到，但是看不到。他們只會知道他們的身體有些什麼在進行。

P：有些人會知道。敏感的人會知道有事發生，但是他們不知道是什麼。那是我們想要的。我們不想擾亂任何事。

朵：這會如何影響人類的身體？

P：它會防止身體裡遺傳物質DNA的衰敗。如我說過的，它被損害了，我們不能讓這個情形發生。我們不能讓整個種族的人受到傷害。這個能量將改變人類的DNA基因結構，讓它更完美。那是我們真正想要的。我們希望地球上的人類是在完美的和諧裡。不只是他們本身和諧，也與我們和宇宙其他部分和諧。他們目前還沒達到這個地步。

朵：所以當DNA架構改變的時候，身體會怎麼個不同？

P：當DNA被改變，身體將會是許久以前我們想要它的樣子。我們曾在亞特蘭提斯試過，但失敗了！失敗的原因是因為亞特蘭提斯以負面的方式使用能量。在亞特蘭提斯時期，我們試著產生比較女性的能量，這會使頻率提升並使神性男子和神性女子結合。它失敗了。因此，地球經歷了很久很久很久的時間，女性被控制和隸屬於男性，而且女性能量被抑制。現在，是兩性平等的時候了。男性和女性的神性能量將聯合起來並產生完美的存在體……就像基督。當這些能量達到平衡的時候，地球上的每個人都將意識到他們可以是完美的基督。這些能量還沒有平衡，它們已經失去平衡很久很久了。這是為什麼在地球上有這麼多的問題。所以當DNA結構被改變的時候，上帝的神聖能量、男性／女性、陰和陽可以聯合起來，地球上將會有完美。在身體內的完美。而我們將可以向其他世界和宇宙展示這個星球。這是我們的實驗，我們完成，而且成功了。**光**成功了。因為地球將是跟我們長久以來所希望的那樣完美。當我們最初來這裡的時候，它是完美的。你可能已經聽過。它改變了。你知道隕石墜落，帶來了疾病。每件事情都被弄亂了。我們要再次讓它變得完美！我們現在要做的校正就是讓它再次完美的工作的一部分。這是非常正常的。——這都是遺傳學的一部分，但之所以發生的原因是人類並沒有處在平衡裡。神性的能量無法在心靈或甚至在身心方面達到平衡，但是身心方面的不平衡會透過身體顯化出來。這導致身體的疾病。如果當細菌隨著隕石著陸的時候，身體在那時期就是處於完美的情況，這就沒有多大關係。疾病將不會存在。但是當它擊中地球的時候，身體已經開始改變，因此我們也無法做些什麼。

她說的跟我在《地球守護者》書裡提到的是同一件事；解釋當物種仍在發展時，因為一顆隕石撞擊而使得疾病入侵並破壞了這個重要實驗。這使得負責在地球孕育生命的議會感到很悲傷，因為他們知道在這種環境下，要發展出完美人類的實驗就不可能成功了。他們必須做出決定，是要停止實驗，然後重新開始，還是在知道人類將不會是最初希望的完美物種的情況下，讓發展中的人類實驗繼續下去。

後來的決定是，既然已經花了如此多的時間和心力，他們應該就讓實驗繼續；冀望在未來哪個時候，或許這些物種可以發展成沒有疾病的完美人類。這是外星人進行取樣和測試的主要原因，但是人類把這些錯誤地詮釋為負面行為。外星人很關心空氣中的污染物質和我們食物中的化學物質對人類身體所產生的作用。他們在試圖改變它的影響。

外星人繼續說：「我們沒有想過不要進行這項實驗。我們不能就這樣拋棄這個星球。我們無法就這樣讓所有的生命形式，所有這些人類永遠被改變。我們必須介入，而且我們已經來這裡很久很久了。這是累積了許多、許多年的工作結果。幾百萬年。現在轉變很快就要到來，因為人類已經達到完美的人類物種可以在地球上出現的階段。如我說過的，我們在許久許久前曾經嘗試卻失敗了，我們期望這次會成功，它已經朝成功之路邁進。我們對此很開心。」

朵：地球上所有的人類都會經驗到嗎？

P：如我之前說的，每個人都會受到影響。只是有些人比較敏感，他們會感應到已經完成。有些人在意識層面上並不知道它已經完成。那是在靈魂層面上完成的。如果你讓他們進入催眠的出神狀態，像現在這個人一樣，他們會知道他們已經被影響，而且可以跟你說明他們的基因有什麼不同。但是在意識層面上，他們完全不知道。他們不知道。而這是我們想要的狀況。

朵：我在想那些負面性的人（兇手、強暴犯這類人），他們會以不同的方式被影響嗎？

P：每個人都將被影響。他們會在潛意識層面知道發生什麼事。當潛意識改變，並且意識到此事，他們就被啓動，是的。

朵：他們仍然有業力。

P：這個也會被影響。因為這個星球未來將不再有業力。業力在這裡將不被允許。這將是一個「光與和平」的星球，而我們偉大的實驗將會成功。

朵：我被告知這是為什麼宇宙有許多生命正在觀看。

P：是的，沒錯。我們來這裡就是為了進行這件事。而且它會是安全的。

★ ★ ★

二〇〇六年的秋天，一位讀者打電話到我們的辦公室詢問：「書裡不是提到二〇〇六年會發生事情嗎？」這提醒了我女兒茱莉亞，她於是找出以下這段文字。巧合的是（如果真有什麼事是巧合的話)，幾週後，我們收到幾封廣發給大眾的電子郵件，提醒世人一場宇宙事件將於二〇〇六年十月十七日發生。

「一場宇宙引發的事件將於二〇〇六年十月十七日大約早上十點十七分開始，持續進行到十八日的凌晨一點十七分，高峰時間為十七日下午的五點十分。這天將有一道從較高次元發出的紫外線脈衝光束經過地球。以你們的時間來說，這道紫外線光束將照射地球長達十七個小時左右，貫穿珍貴生命能量的每一個電子。它本質上是螢光藍/洋紅色澤，雖然它在這個頻帶共振，但它高於你們宇宙的顏色頻譜，因此你們看不到。不過，由於人類靈魂的本質，它會帶來一個效應：每個思緒和情緒都會被強烈擴大一百萬倍。每個思緒、情緒、意圖、意志，不論好的，壞的，病態的，正面的，還是負面，都會擴大一百萬倍的力量。由於所有事情的顯化皆起因於你們的思想，換句話說就是你們的焦點所在，這道光束將會令你們的思想加速，並以加快的速率鞏固它們，讓它們的顯化較平常快上一百萬倍。這道紫外光線將照射到地球上的每個人。它具有轉換人類思維和感受方式的潛力，將創造出嶄新且更容易的方式，供地球提升以進入另一個次元。令人敬畏的光將開始注入，並藉由量子躍遷，讓這個星球往上進入演化的螺旋。」

所以，事情顯然已經開始了。我在進行這場催眠並寫到本書這部分時，曾以為光束是由外星人從太空船上投射下來。現在看來，那道光束是從我們看不到的次元所發送。我想外星人在這所有的事中也扮演了一角，協助導引這道光束。事情顯然已經開始，對自己的身體和周遭世界有意識的人，將在上述日期之後注意到差異。

第二十二章菲爾和安的催眠有部分可能也跟上述類型的力量有關，但也可能別有所指。

★ ★ ★

安：這個星球的周圍有個能量源頭。當你們看到你們稱的「紅」色調時，你們就會知道改變已經發生。

朵：那個紅色會在哪裡出現？

安：那會是從你們的星球投射到其他宇宙太陽的光束。你們將看到能量的提升。

朵：我們的肉眼可以看到嗎？

安：現在有一個環繞著你們星球的模式，它正被重建中。這事實上會改變人類肉眼所見從地球散發出去的能量。它將帶有你們所稱的「紅」色。

朵：你的意思是像北極光那樣嗎？

安：沒錯。

朵：我們將會看到這道對宇宙發射的光出現在平常不會出現的地方？

安：沒錯。那就等同於你們體內動脈的能量。你們知道，器官有許多輸送血液的動脈，一邊輸送養分，一邊移除代謝產物。就這個意義而言，它具備雙向的功能。地球的某些功能同樣有這種效應，現在在地球上的你們將能從生理上感知，溝通的層級也會被提升到更高的程度。這只是一種方法，讓你們能和宇宙的其他部分有較密切的參與。

朵：所以你說的這個紅光，代表地球的能量層級正在改變？

安：沒錯。

朵：當我們看到它出現，我們就知道改變正在發生？

安：沒錯。你們有你們所稱的「熱點」，它們在你們的色系中散發著藍色的光澤。

朵：我們看不到？

安：不，看得到。它在地球的地殼上。你們將能看到它從地殼反射出去。

朵：你說的不是天空的顏色？

安：不是，我說的是能量場。隔著一段距離，從你們的哈伯太空望遠鏡或任何在你們大氣層上的有利位置，看得到這些射線從地球向外延伸到不同的方向。這些不是一般的擴散光暈，但你們看得到它的直徑和方向。它只有單一連結。

朵：類似太陽放射光線的方式？

安：不，不是的。因為太陽光的照射——我們不會說是「一致的」，而是一般性的，普照著大地。那個光比較像是——或許你們可以想像你們用詞裡的「迪斯可球」（鏡球），那種對著不同方向散發單一光束的光。它們是個別的光束，不是光的整體結構。

朵：所以從哈伯望遠鏡來看，會看到它們現在是藍色的光，但將會開始變紅？

安：它們會轉換成你們光譜上的好幾種顏色，不過你們的肉眼能見的很有限。你們將能在二十二年內看到光譜上的極致紅。那會是你們所稱的一種「色調」。

朵：這也是在基因啓動的時間範圍內。（請見第二十二章）

安：沒錯。全都是一起的。是同時的。

哈莉葉：地球上如果有人剛好走進這個光的放射會怎樣呢？對他們的肉體會有什麼影響嗎？

安：你們知道的。

朵：那就像是穿越次元。他們說我們進進出出，只是自己不知道罷了。

安：你們現在就住在不只一個次元。

朵：所以那跟我們進進出出次元卻不知道是一樣的。

★ ★ ★

來自澳洲的另一位個案也提供了相關資料。

克：那就像一輛汽車。想像一輛有老舊車身的車子。它跟你一直在駕駛的老車一樣，然後你放了一個新的引擎，突然間這輛車運作得不一樣了，儘管外表看來仍然一樣。然後，你拿到另一個引擎，你又更換了引擎。車的速度變得越來越快，而且更敏捷更有智能。車子表現得很好，很快地，車身也開始起了變化，就好像新引擎的能量開始在改造車身。接著，車子很快地變成為一輛跑車。一輛美麗、有光澤和吸引人的車。就是這麼回事。現在進入的能量有能力轉變載具。它（指身體）會開始不一樣，它會看起來不一樣。會看起來……嗯，我想到的是**年輕**。它看起來更聰明、更年輕。為了配合進來的能量的振動，身體的細胞、身體的振動正在改變。下一步就是身體上的改變。

朵：會是什麼樣的身體變化？

克：噢！身體會變得更**輕**。而且我覺得它看起來更**高**。但並不是它會長得更高，而是來自內在的能量會從外面就可以看到。這會讓身體看來像是更高、更瘦、更細長。而且更透明。

朵：透明？

克：是的。這是開創性的事。

朵：這是地球人類將要進化的方式？（對。）每個人都會這樣改變嗎？

克：是的，因為所有的人都被給予了這個選擇。如果他們想跟地球一起進化，他們將進化成這種新人類。看起來會不一樣。這就是這個實驗的意義。這就是克莉斯汀（指個案）和其他人為何要勸說那些不想隨同地球進化的人。他們將會離開。（幾乎要哭出來）而且還會帶給家人很多痛苦。但是留下來的人必須維持住光。那是個很重要的工作。

要和現在正在發生的這些(負面)的事脫離和分開。而這些事將會持續發生，直到清理的工作完成。那些留在這裡的人會帶領這個**種族**進入一個非常新和不同的文明。那些人現在正被測試，看看他們在災難發生時，是否能夠堅持住光。他們就是將跟這個星球前進的人。

朵：就像是最後的測試？

克：是的。現在正在進行測試。每個人都需要經過測試，看他們能回饋什麼給這個計畫。看他們的承諾有多堅定。有多願意提供服務。這些現在都在測試。

朵：所以每個人都有他們個別的測試？

克：是的。而那些現在發現測試很困難的，就是會留下來的人。他們正在經歷測試，但是有些人並沒有通過。

朵：他們沒有通過測試。

克：沒有。有些人沒有通過。

朵：這個我聽其他人說過，有些人會被留下來。(是的。)我覺得聽起來有些殘酷。

克：不，並不殘酷，因為每個人都被給予選擇。如果他們沒有轉移和進化，那是因為他們沒有這麼選擇這麼做。他們將轉世到他們選擇的另一個地方。這沒有問題。因為這只是個遊戲。

朵：我也是這麼聽說。他們將會被送到仍有負面業報的地方去解決業。屆時這個星球將不再有負面的事物。你看到的是這樣嗎？

克：對。他們將留在舊地球。新地球好美。你們會看到無法想像的各種色彩、動物和花卉。你們會看到能當作完美食物的水果。它可以直接吃，不用經過烹調。就這麼吃。生命體所需要的一切營養成分都有。這些新品種現正透過外星人的協助在培植。

朵：這些是地球上現在沒有的水果和蔬菜嗎？

克：沒有。它們算是變種。我現在看到釋迦（custard apple），我用它來作例子。我們會有種稱為釋迦的水果。它看起來不像蘋果，它的表面凹凸不平，體積大約是兩個橘子的大小。它裡面的果肉像蛋奶凍。所以是水果也是食物，是一種像蛋奶一樣的東西。這是未來食物的例子。這些食物看來美味，而且有營養成分和增強體力的物質，可以維持——當我一要說「身體」就被打斷，他們告訴我應該說「生物」所需。它們對生物很有營養。現在我們必須烹煮的東西——就像你要料理蛋奶——將會是這些水果的一部分。這跟幫助地球也有關係，因為降低了對電力和能源的需求。所以這些水果將會提供我們所需。

朵：我聽說現在有許多食物對身體不健康。

克：沒錯。有機食物開始風行，那些有機農夫正和地球進化的計畫一起前進。這是為什麼他們在這裡的原因，為什麼這方面的意識開始提高。因為人們需要知道如何正確種植，適當成長。魯道夫・史坦納學校（Rudolph Steiner schools）正在教導孩子這方面的知識。所以，將前往新地球的孩子會知道這些知識。那些孩子現在也在大學和一些機構教導並傳播這些知識。因此，當地球清理開始的時候，大部分的毒性將會被排除。你瞧，新地球不是這個次元。新地球是另一個次元。而我們將會進入那個新的次元。在那個新次元裡，將會有樹幹是紫色和橘色的樹木。那裡會有美麗的河流和瀑布。而且能量可以回收。流過岩石和沙洲的溪流和水也存在著能量。它會沖擊地球。它創造出能量，清理這個世界。這裡的許多河流已經被改變和整頓，讓船隻可以在上面航行。那是從地球帶走能量。地球將要進行清理。我現在看到水。

朵：這會是發生在地球轉變和進化到新次元之前嗎？

克：我現在看到我們逐步前進。(吃驚)哦！我看到要前往新次元的人正在踏入這個新的世界。

朵：當另一個地球正被清理的時候？

克：是的，沒錯。

朵：你看見在清理的時候，水怎麼了嗎？

克：(大嘆一口氣)我不會看到這個。

朵：他們不想你看見嗎？

克：沒錯，他們不給我看。他們給我看的是……一個通道？而且我們步行穿過。我們進入一個很像地球的地方，但它是不同的顏色。不同的質地。起初它看起來一樣，但也只是起初。當我們四處查看的時候，開始發現它不一樣。它就在我們的眼前變化著。好美。

朵：但這不是在靈界？因為靈界也是被描述得非常美麗。

克：不，它是新地球。它不是靈界。它是第五次元的地球。有些人會比其他人更早到達。現在我得到指示要告訴你，克莉斯汀已經到過那裡好幾次了。現在有一群人正要穿越。她將帶更多人去。而且他們會來來去去，直到他們永遠離開，不再回來。

朵：那麼其他人將會被留在舊地球上嗎？

克：是的，那些選擇要留下的人會留下來。

朵：他們會經歷許多困難，不是嗎？

克：是的，整個星球都是。（震驚）我剛剛看到整個地球爆炸。真可怕，不是嗎？

朵：你認為那表示什麼？

克：我不知道。我只是看到它爆炸。但我看到了新地球。那是一個第五次元的美麗地方。和諧與平靜。

朵：當他們讓你看地球爆炸，那只是一種象徵嗎？表示對跨越（到新地球）的人來說，那個地球就不再存在了？

克：嗯……已經跨越到新地球的人正在觀看發生的事。他們能夠看到。現在，它會爆炸嗎？他們在對我說：「不要被將發生的事困住，因為你必須專注在光。」這對要去新地球的人會是個挑戰。他們面臨的挑戰就是不要被困在將發生的事裡，因為那會把我們拉回到第三次元。這發生在許多走在前進道路的人身上。他們因為陷入恐懼、哀傷、懊悔、憂悶和黑暗的事情，於是被拉回到原來的世界。所以他們說：「你不需要知道，因為知道對大家都沒有幫助。」他們真正在說的是：「專注在好的事情上。」聚焦在將會有個美麗的新世界、新次元，而地球上會有許多人轉移到那裡的事實。而且有人已經在那裡了。

朵：我聽說當你跨越時，你是在現在的同一個身體裡。只是身體會被改變。

克：是的，你依然會在相同的身體裡，但它會改變。

朵：所以，不必死亡或是脫離身體，你就可以跨越。這可完全是兩回事。

克：是的，我們只是走過去。克莉斯汀以前做過，她知道該怎麼做。她做過，所以瞭解。

朵：可是這會很令人難過，因為將有這麼多人不瞭解發生了什麼事。要讓這麼許多的——我想說「普通」的人知道好難。他們除了被教導的宗教外，不知道其他事。他們不知道其他的存在是可能的。

克：是啊，但他們並不普通。他們只是看來普通。那是他們穿戴的面具。他們正在改變。

朵：可是仍然有許多人甚至想都沒有想過這些事。

克：沒錯，但他們將選擇不去覺醒，那是他們的選擇。我們必須尊重。他們跟地球上的每個人一樣，都被給予選擇，而他們已經做了那個選擇。這沒問題。沒關係。

朵：那麼，如果他們必須去另一個地方解決負面的業，那也是他們進化的一部分。（是的。）但是你看到大部分的人都進化到了下一個次元嗎？

克：沒有。不是多數。在某程度上，人數並不重要，因為會是怎樣就是怎樣。越多人能夠意識到並加入這個旅程，那麼就有越多人會在那裡。這是為什麼你們有這麼多人在做這個工作。幫助人們加入旅程，並且放下恐懼。你們踏入那個任何事都有可能的空間。進入黑暗棲息之地。那是你們正在做的事。你們需要去做。而每個你跟他說話的人，都會出去做同樣的事。你可能不會注意到，但你的行為有如基督一般。你傳講的每個人都成為門徒／追隨者，他們出去轉而喚醒其他的人。所以這是有效果的。而且很快，一切很快就會發生了。

朵：你對這個時間有任何想法嗎？

克：往後的幾年將是——我得到的字是「決定時刻」，我想是這個意思。它將是一條「界線」，截止的點。我認為這表示到那時還沒有決定的人將會被留下來。這很關鍵。

朵：但是世界上有些地方，甚至是整個國家都還沒有準備。這是為什麼我在想會有很多人無法跨越。

克：將要發生的事遠超過人們所知。我看到有些國家的人民正受到迫害。發生這些迫害的原因是要喚醒人們的靈性。當人們被迫害或當面臨死亡，或面對人類英勇事蹟的時候，那是喚醒人類的觸發機制。那是為什麼現在發生那麼多迫害的目的；要確定這些人被喚醒。所以那是它的正面功效。

朵：有什麼事會觸發或加速它出現嗎？

克：那就像是落幕，故事結束。我不被允許看到。我只被告知，它將是某個階段的結束和另一個階段的開始。

朵：他們現在在試圖將我們引向戰爭。（催眠的當時是二〇〇二年）你認為跟這個有關嗎？

克：（大歎口氣）我害怕那就是測試。我說過有許多人正被測試。我那時並未意識到，但我現在知道了，那都是測試的一部分，看我們能否跟那樣的心態分離。就像是我們必須去創造我們自己的……就像我們每個人就是宇宙。宇宙的所有部分都在這裡（她把手放在她的身上）。如果我們能夠保持這裡的這個宇宙……

朵：這個身體？

克：是的。如果我們保持它（指身體）在平和平靜的狀態，如果我們保持它的平衡，那麼我們就通過了測試。那麼我們就能禁得起任何事。這世上發生的那些事，事實上是要測試整體，我們全體。

朵：你的意思是不要陷入恐懼。

克：是的。把電視機關掉，不要聽。不要看報，不要陷入其中。你的世界就是你在這裡創造的。（再次碰觸她的身體。）

朵：在你自己的身體裡。

克：是的。在你自己的空間。這裡就是你自己的宇宙。如果每個人在自己的宇宙創造和平與和諧，那麼那就是他們在第五次元的地球所建立的宇宙。越多人能夠在自己的身體宇宙建立起平靜與和諧，就會有越多的人能夠到達第五次元的新地球。無法在自己的身體宇宙創造平靜與和諧的人，就沒有通過測試。那就是測試。

朵：我們在努力這麼做，以避免發生戰爭，或至少減少戰爭的傷害。

克：他們說發生什麼並不重要，因為一切都只是遊戲，它完全是一場戲。而事情之所以發生都是有原因的。這時候的原因是要測試每一個人類，找出他們自己的進化程度。因此，如果我們維持這裡（指身體）的平靜與光明，我們就不需要煩惱是否會發生戰爭。它無論如何只是個幻相。

朵：但它現在似乎很真實，而且可能會產生一些非常悲慘的後果。

克：是的，不過那是每個個體的恐懼。我們的工作是要幫助每個人在身體裡找到平靜。然後，當你聚集更多在自己的身體宇宙裡保持平靜與和諧的人，他們散播的平靜與和諧，就能取代先前的黑暗，因而創造出這個全新的世界。如果在你一開始工作的時候，就給了你所有資訊，你很可能會負荷過多。這也是為什麼他們會說：「我們不會告訴你究竟會發生什麼事。」我們並不知道究竟或確實會發生什麼事。但是我們不會告訴你我們知道的，因為你不需要知道。你需要做的就是專注在這裡（這個身體），創造你在地球上的天堂。每一個人創造他們自己在地球上的天堂。那就是你必須去做的事。並且與在地球上創造他們自己天堂的人一起，然後把那個能量**擴散出去**。很快地，不知不覺間，你已經改變了世界。你甚至沒去想到這個世界。你所專注的就是你所創造的。想想和平。人們必須了解的最重要的事，就是他們所專注的會擴展。因此如果他們專注，如果他們能用想要的美好事物來取代預言並加以擴展，那麼他們就能夠在地球上創造自己的天堂。他們現在讓我看你在《迴旋宇宙》裡對思想的描述。我被告知要提醒你這一點。你提到一個柚子大小的能量球。而那個球是由能量繩纏繞而成。當我進行工作的時候，我就在改變這個結構。能量繩彼此層疊、交叉纏繞。它們能夠做想做的任何事。它們可以分開、可以變成四股能量。它們能夠編織在一起、能夠成倍地增加。它們能夠回復原狀，能夠加鍊封住。它們能做任何事。這是一個可能性的能量球。當你有了一個想法，它不會就這麼樣消失，它變成了一股能量。它進入了所謂的可能性之球裡。因此，想像你的想法正變成能量。你提供它更多的能量，它就變得更強。然後它會顯化，變成真實。它變成具象，變成實體。如果你向外傳送和平的想法，但你接著想，「噢，但是那個戰爭越來越慘烈了」，或是「那些政客在犯錯了。」你就減弱了你引導出的那股正面能量。因此我們必須教導人們發送正面的想法，然後用更為正面的想法強化這個能量。我們必須教他們，當那些負面想法出現在心裡時，不要只是隨它去，而是要以正面的想法取代。這樣他們就在把正面的能量加到那個可能性的能量之球。他們在貢獻正面能量。我們必須教他們那樣做。他們不知道該怎麼做。有人要我告訴你強化幻相的概念——我不知道為什麼要我告訴你這個。但是他們說，如果我們可以讓人們把中東的衝突想成是一部電影，這會有所幫助。他們要告訴你的另一件事是，對於每一個行動，人們都可以做出相反的反應。有出生，就有死亡。每一個人都**必須**放下任何的貪婪、支配、控制和物質主義。任何會阻止他們進行這項工作的議題，他們都必須放下。因為這些行為在新地球不會對任何人有幫助。在那裡將不再需要金錢，所以你們為什麼要為它煩惱呢？那些為地球、為宇宙工作的人會獲得供應，而且將持續如此。你們需要的會來到你們面前。因此現在是放下以工作換取金錢的標準的時候。你們的工作是改變地球。你們的工作是去挽救地球局勢，這必須是我們的驅動力所在。它必須來自愛與服務。那是我們能夠將努力極大化的唯一方法。它必須來自愛和服務，而不是貪婪。

朵：我聽說愛是最強大的情感。

克：是的，愛能夠療癒。

★　★　★

最後的資訊在二〇〇四年透過一位個案在我進行催眠的辦公室傳遞。我相信這個問題仍有一部分並不清楚。為什麼有些人能夠知道他們已經轉移到新地球，有些人卻不會呢？怎麼可能轉移了所有人口，卻只有少數人知道發生了什麼事？「它們」必定已經注意到我對這個揮之不去的想法很掙扎，因此提供了補充。畢竟，如果我沒有全部的片段，我要如何撰寫、又要如何演說講述這些內容呢？

包：大部分的星球，尤其是地球，原本是只設計為五十五萬人的生活環境。五十萬人。那就是應該的數量了。有更多的人現在輪迴到地球來體驗所有主要的變化。而地球被損壞和改變的狀況已經超過能夠修復的程度了。這個星球不幸地已經變成這樣，不可能再回復到它最初的清新狀態。但現在因為來自造物者的首要指示，修復必須加速進行。因為已經太久了。有兩個方法去執行。你可以使地球旋轉，地殼轉移。當這種情況發生時，你實際上是要從零重新開始。那就是引發冰河時期，造成所有恐龍滅絕的原因。它怎麼發生的並不重要，但基本上會是同樣的情況。文明消失，然後你們從冰河時期開始，尼安得塔人和那類事全都再一次來過。你們的文明曾經失去控制，結果留下像亞特蘭提斯和雷姆利亞的傳説。這種事以前發生過很多次。但這次不會是這樣了。這一次你們是整個星球轉移，基本上是以一個宇宙（移動）。你們轉移整個次元。次元改變了，你從我們目前所在的3.6度空間，到5（指前往五度空間）。你會問：「那麼四又是怎麼回事？」嗯，在某方面四度空間就是在這裡，但將會「跳」過它。你會提升到五。當次元改變的時候一到，你事實上是「跳」過那個次元。這會產生許多的複雜情況。這是為什麼這件事是這麼地被仔細觀察。許多在靈性上準備好的人，將可以很容易地過渡並完成轉換。其他人將被帶離地球。這是在一眨眼間的事，他們甚至不知道它發生了，多數人都不會知道。他們將來到另一個清新、已經就緒，以及正在等待這件事發生的星球。而你們的能力將遠遠超過人們現在的程度。基本上你們有五個主要的感官。當轉換完成的時候，你們會擁有更多的意識感官。你們將自動成為心靈感應者。隔天他們將在新的生活中醒來。順道一提，這以前發生過。——我們就只是「關掉」，情況就像進入生命暫停或不省人事的假死狀態。我們會暫停生命。會需要兩、三天的時間去移轉人們。

朵：是整個世界，還是只有……

包：是的。所有在靈性上準備好進行轉換的人。他們全會被轉移走。而當他們在另一個星球醒來時，他們甚至不會意識到這已經發生了。幾年前，在這個星球上有過這樣的權宜做法。我們都經驗過。但沒有多少人知道。它就是**發生過**。它就像在一個晚上過了整個星期。它就是那樣發生的。

朵：為什麼在那個時候會發生？

包：技術上，我們需要轉移太陽，我們需要能夠調整它。如果任何人看到，他們就會知道發生了什麼事。那不是很實際的操作方法。因此我們就像是把每個人都「關閉」了一樣。

朵：這樣他們就不會知道？

包：是的。那晚你照常睡覺，你以為你睡了十二小時。然後你醒來，你的手錶依然運作如常。但事實上你已經過了一整個星期。

朵：每個人都進入了生命暫停的狀態嗎？

包：是的。你們同時也停止了所有一切活動。

朵：當世界在轉動的時候？

包：哦，是的。這個星球在轉動。你們有所謂的「日以繼夜」。但我們實際上已經調整了。這是非常有趣的操作竅門。但它確實有效。這個行星的調整即將來臨。頻率改變即將發生。你不能在每個人都清醒時做這件事。因為人們會有各種奇怪的反應。所以他們**認為**他們是清醒的，但是我們卻能把他們「關閉」。那是一種手法。它需要很高的技術。

朵：如果他們真看到什麼，他們會認為是在做夢。

包：對，對，正是如此。但是他們可能對發生的事沒有什麼意識上的記憶，不要忘了，大部分的人對於他們做夢的內容並沒有意識上的記憶。而且你們在夢境中能夠輕易就改變事情。

朵：你說這在幾年前做過。

包：對，是這樣的。我們當時必須對太陽的頻率做些調整。所以，看來那顯然就是答案。當進行轉移的時候，世上所有人類的意識感官都會被關閉，並進入不省人事或稱生命暫停的狀態。這與靈媒安妮．科克伍德看到的幻相一致：當地球分裂或分開成兩個，兩邊的人都不會意識到另一邊發生了什麼事。

這在聖經裡也有記載：「當那日，人在房上，器具在屋裡，不要下來拿；人在田裡，也不要回家。我對你們說，當那一夜，兩個人在一個床上，要取去一個，撇下一個。兩個女人一同推磨，要取去一個，撇下一個。兩個人在田裡，要取去一個，撇下一個。」門徒說：「主啊，在哪裡有這事呢？」耶穌說：「屍首在哪裡，鷹也必聚在那裡。」（路加福音第十七章：三十一—三十七節）

★　★　★

我被問過許多次關於馬雅曆在二〇一二年結束的事。人們認為，如果馬雅人無法預見之後的日子，那就是世界末日的日期。我曾被告知馬雅人在靈性方面已進化到某個程度，他們的文明整體轉移到了下一個次元。他們的曆法停在二〇一二，是因為他們可以看到這會是下一個主要事件發生的時候：整個世界將要轉移到下一個次元。

★　★　★

透過提升我們的意識、身體的振動和頻率，我們可以揚升到另一個次元。首先，你能夠繼續在一個實質的身體裡一段時間。然後隨著你逐漸發現身體不再是必要的時候，實質的身體將會分解並成為光，而你將以光或是純粹能量所組成的身體生活。這聽起來跟我書中描述的幾個案例很相似；個案看到一個發光的存在體，由純粹的能量所組成；他們已經進化到不需要有實質限制的身體或形體。當我們到達那個層次的時候，我們也可以如此。在許多的案例中，當存在體揚升，他們帶著身體前往。但這只是暫時的狀態，脫去和放下身體是要看那個存在體所到達的理解層級而定。我們確實傾向緊抓我們熟悉的事物不放，但最終我們會明白，即使我們可以帶著身體一起轉移，身體在新次元的實相裡仍有太多的限制和約束。當我們到達這個新次元，由光或能量組成的新身體將永遠不會死亡。這就是聖經裡提到「永生」時的意思。

當我們這輩子結束的時候，我們將前往靈界，那個介於轉世之間的狀態，我發現那裡就像一個回收中心。它會引導我們回到地球展開另一個人生，因為仍然有業力要解決，或需要致力於某件事。人們一再地返回人世，因為他們還沒完成他們的課題或循環。藉著提升意識、頻率和振動，我們也就沒有需要回到那個地方，那個轉世間的狀態。我們可以超越那裡，去到每個人都是永生且不需輪迴之地。我們可以永遠留在那裡！那個地方很可能就是我的許多個案所提到的「家」。他們深刻思念和渴望回去的地方。當他們在回溯時看到，他們的情緒總會變得激動起來，因為他們一直深深渴望它，然而意識裡並不知道它真的存在。

第三十一章 終曲

我在工作時一再被告知，身為人類的我們，並非宇宙間唯一有感受、有知覺的存在體。人類是如此的自我中心，總以為自己最重要，一切都圍繞著我們打轉。這主要是因為我們不瞭解生命的真相。我發現**萬物**有靈，都有生命的火花，這是因為一**切**都是能量，只是以不同（較快或較慢）頻率振動著。我們在朝向更高的靈性形式努力的路上，經歷了許多所謂的「次要」的生命形式。我們曾是礦物、塵土、岩石、植物和動物，然後才轉世為人類形態。我們是好奇的靈魂，需要有這種種的經歷並從中學習，方能體驗更複雜（雖然更稠密）的肉身課題。我發現萬物都有生命，包括地球本身。她就和我們一樣，也有感受、情緒和需求。現在，根據我的資料來源，地球正因為人類的作為而痛苦著。外星人說，我們即將走到無法回頭，造成的傷害永遠復原不了的地步。到了那個時候，這個地球會不堪負荷，人類將揚升到新的地球。但如果地球本身是活的，那麼其他地方呢？我被告知，不只是地球，浩瀚無垠的外太空也有生命。我們全都是一個更大、活生生的、運作中的存在體的一部分，而那就是我們所稱的宇宙。這意味著宇宙是一個有組織的龐然巨物，有生命，也有感受。你可能想把這個「東西」稱為神，但它其實要更複雜得多。

組成宇宙的萬物（恆星、行星等等）可以被視為神的體內細胞。這些細胞組成了這個龐然巨「物」的身體，人類則是循環過程中最微小的細胞。雖然我們是如此渺小，卻非微不足道，因為在演化和成長的過程中，我們有可能穿越一個接一個的生命困境往上攀升。

我被告知，轉世不是件令人喜歡的事。在轉世的過程中，我們不斷在地球和靈界之間來回。靈界就像是個處理站，我們去那裡評論自己，然後決定回來地球修正業力，主要的目標就是脫離輪迴，超越肉體階段。據說，當我們越過靈界的待轉站，直接去到不再需要累積和平衡業的較高靈性層級，便是超脫了肉身。然後，我們將以不同的方式繼續前進，不再承受肉身的重擔。這是揚升過程的一部分。透過提升頻率和振動，省略死亡和進入靈界的需要，我們就能直接往下一個世界邁進。

宇宙是個高度複雜的有機體，它同時存在於許多不同的次元，由一層又一層的意識所組成，並與內在所有的有機體相互連結。它不僅能夠創造，還能同時與所有這些個體互動聯繫。這可能就是「它們」所說的集體，因為我們是靠著集體意念使宇宙成真。

在很久、很久以前的某個時刻，我們全都是一體。不論你怎麼稱呼，我們全都是集體、一、偉大的中央太陽、源頭、神的一部分。我有許多個案在出神狀態都憶起這個存在，而當他們要離開時，總是非常難過。因為那種一體的感覺帶來最大的愛與慰藉，他們不想離開，因此被迫離開到宇宙時，總感到強烈的悲傷和分離感。

由於源頭想要體驗（不是只有人類會好奇；也許這就是我們為何會有探索的渴望），我們全體（身為源頭的一部分，身為共同創造者）都協助了祂的創造。我們協助祂從無（或是如幾個傳說所言，從塵土中）創造，於是恆星、行星、岩石、溪流、植物、動物和人類出現了。然後我們決定（或被告知）要去住在這些東西裡面，再向源頭回報是怎麼回事。據說這一切都只是幻相。如果這是正確的，那麼這個幻相是由我們的集體認知所維持。是我們大家一起把它從想像變成真實，並由我們合併的認知維持它的存在。在《生死之間》裡，我提到我被告知，神可被視為黏結一切的膠水，祂若稍有鬆脫，即使是幾分之一秒的瞬間，萬物也會立刻消散。在這本書裡，我們被告知，神存在於每一次的吸氣與呼氣之間。從這個觀點來看，我們全體就是神。我們都是集體的神。

在我們的認知裡正確的事，從靈界的觀點來看可能並非如此。我們生命中所擁有且與之互動的一切，都是因為我們想要，才會進入物質實相。這是可能的，因為思想是真實的、思想就是事物。想法一旦形成，就會永遠存在，而且越被強化，就變得越實體／物質化和越稠密。

這是為什麼我們能夠改變我們的生活和處境，因為我們比自己所意識到的更有力量。我們不斷在創造自己的實相，我們也有改變實相的能力，但這通常需要結合眾人的力量，因為我們創造的事物已成長到如此之大且有力，已然有了自己的生命。也許這是為什麼要創造新地球的原因，因為我們所知道的地球已經到了無法幫助或改變的地步。

宇宙的母體裡都是建造實相的基石，那些是所有可供我們創造的可能性和或然性。一旦我們了解了創造的程序並使用我們的心智去創造，我們的生命裡可以要有天堂就有天堂，要有地獄就有地獄，因為我們的力量是如此強大。很多時候，具有這些可能性的電場被不和諧的意圖和負面結果所破壞，就像最近發生的那樣。當負面心態、想法開始出現，它會被接受它為實相的人強化，於是成形有了實體。但只要我們能瞭解和運用心智的力量，我們一樣能夠很容易地便使和平與愛成為我們的現實。一如諾斯特拉達穆斯在我的書中就他和他的預言所說的：「你們沒有意識到自己心智的力量。專注在你們渴望的實相，你們就能創造它。你們的能量分散了。只要學會如何專注和導引能量，你們能夠創造奇蹟。如果一個人的心智力量已經是那麼強大，想想集體心智的力量吧。集中眾人的心智，力量不只相乘，還會以次方等級增強。然後奇蹟就會真的發生。」

★ ★ ★

顯然，我們自己選擇了每齣人生戲劇的大致腳本和演出角色。其他人也選擇他們在同一齣戲裡的角色。就像是參與一齣邊演邊寫劇本的戲，為了使劇情更有張力，內容隨時可被更改。這是因為自由意志，以及每個人的行動都會影響到其他人的行動。在地球生活的期間，我們照自己所希望的創造並經歷許多不同類型的人生(角色和性格)，體驗名氣、富有或貧困，成為殺人犯或受害者，感受偉大的愛或至深的絕望，身陷戰爭或生活在和平等等情境。

莎士比亞瞭解這一點，因此寫道：「所有的世界都是個舞台；所有的男人和女人都只是演員，各有各的退場和入場。一個人一生中會扮演許多角色。」

不論我們成就了什麼，都只短暫如一齣舞台劇，最終總要落幕，能帶走的只有對體驗的記憶和學到的課題。這些記憶和體驗會被我們的真我，下了舞台的自我，我們觀察者的自我，我們永恆的靈魂自我或超靈吸收、儲存，最終傳送到至高的電腦儲存庫——源頭，也就是上帝。不論我們扮演的是英雄還是惡棍，戲裡的事物不會白費，一切都是對宇宙知識儲存的貢獻，然後新的創造又會不斷地接續成形。

每次靈魂回到約定演出下一齣戲或遊戲的地球劇場，都會拿到一本有許多空白頁面的新腳本，隨著戲劇的進展由演員填入；這些並沒經過預演，而且對所有的建議和可能性開放。當演員們演出各自的角色，沒有什麼是對或錯，一切都是在體驗、學習課題、解決欠下的業，以及為了幫助別人開悟和學習而創造出的新情境。有句話說，沒有人是一座孤島。我們的一言一行無不對他人造成影響。如果我們能瞭解這點，我們將會更加小心自己的言語和行為對他人的影響，也更意識到這點點滴滴將被記錄在知識的殿堂。

每一次的新生命，我們會使用（通常是無意識地）從其他課題學到並儲存起來的知識。只要將那些知識運用到自己現在的人生（戲劇），我們便有望從過去的錯誤學習，不再犯相同的錯。等到我們對不斷上台演出新劇本感到疲累厭煩，我們會選擇退休，回到偉大的舞台經理（神）身邊，讓較新（或頑固的、學習較慢）的靈魂演出一陣子。這就是許多個案所稱的「回家」——回歸靈魂所知道的，它被創造時的自然狀態。那是我們被困在物質世界，舞台世界，三次元世界的幻相以前，靈魂所知的狀態。希望到時我們已獲得足夠的智慧和理解，能夠向其他的存在領域邁進，以其他方式繼續進步。可能性是無窮盡的，而我們除了以觀察者或指導的身分，將不再需要回到這個劇場。

我們活在一個令人興奮的時代。研究形上學和宇宙法則不再被認為是怪人的專利。它們以驚人的速度在大眾間傳播，一反之前總在檯面下，無法被我們邏輯的心智觸及。現在它們浮現檯面，被研究和分析，看起來不再那麼怪異和禁忌，反而顯得完全地自然和正常。人類阻礙自己的心智追求這種思維已經太久了。現在限制已被解除，是揭露這些資料，並讓它使我們的人生變得更好的時候了。

如果每個人都能意識到自己的思緒和行為不只影響到他們自己、他們的朋友和鄰居，社群和城市，最後更透過累積的能量效應影響全世界，人們就會學習觀察和檢視自己的日常生活，而這個世界也將因此改變；這是必然的，因為能量積累的效應。我們正在進入一個新的世界，老舊的負面將被留下。因果法則其實就是聖經裡的「金科玉律」，而透過這樣的為人準則，這世上不會再有暴力和戰爭。我們可以一次一個人地改變這個世界。這就是耶穌試圖教導，但人們不理解的事。愛是解答。就是這麼簡單。

隨著人類心智的進化，我們被給予越來越複雜的資訊。人類永遠無法知道所有的事，因為我們的心智沒有辦法處理，但由於人類心智顯然正在擴展，現在已能理解較為複雜的理論。

如果愛麗絲在仙境成功地找到了另一個次元的入口，那麼現在的問題是：「你想進入兔子洞到多深的地方？」

外頭有遠遠超乎我們所能想像的知識。我是個報告者，一位冒險家。我會持續累積資料並努力呈現給這個世界。我不知道我會深入兔子洞到多遠的地方，也不知道裡面有多深，沿途會有多曲折離奇，但我邀請讀者在我探索未知的次元並試圖尋找答案時，與我同行。

★　★　★

這場冒險旅程還將持續進行，永無止時！

園丁後記

「作者朵洛莉絲已於二〇一四年十月，完成她這次精彩的地球之旅，回到了光的世界。她以旺盛的好奇心、堅持不懈的探索精神、無私的動機、誠實、正直和愛，帶給大家她多本著作裡珍貴無比的訊息和教導。

希望喜愛她的讀者們，還有在華人世界操作她的催眠療法的人，都能努力實踐她的書所傳遞的訊息；知道獲取物質名利並非來地球的目的，並在生活中做出良善利他的選擇。

不要恐懼黑暗，勇敢爲你相信的眞理說話，讓這個世界多些愛，多些誠實，多些同理心，多些光。

讓你靈魂的光閃耀。這是這本書所被賦予的意念。」

人是健忘的。這是《迴旋宇宙2中》的園丁後記，於此書末再做提醒。希望我們大家都能透過思想、言語和行為，讓內在的光芒閃耀。

在書後，我想提兩件事。去年透過一位讀者得知，他在台灣的購物平台買到盜版的宇宙花園朵洛莉絲．侃南著作。我知道後，很驚訝，但更多的是感慨。盜印一直以來都是發生在中國大陸，大陸的購物平台所販售的朵洛莉絲著作幾乎都是盜版。盜版書很便宜，購買者應該都是以價錢為考量而沒想到要尊重作者和出版社的心血吧！出版社是要付權利金／版稅才能取得翻譯和出版權。如果是因為要購買正版很不容易，歡迎和宇宙花園聯絡。購買正版是對喜愛的作者和其心血及相關工作者的尊重。至於販售盜版的人，希望你們有天能夠為周遭的人和這世界盡一份善心；幫助需要幫助的人。

在台灣，對這類書有興趣的人曾經是跟著中國大陸身心靈圈的做法，「流行」把書的大半內容或全書電子檔連結張貼在個人部落格，將侵權行為美其名分享，供人下載。近年來這種情形已很罕見，沒想到，現在卻開始有人在販售疑似來自大陸的實體盜版書，而且售價還跟折扣後的正版差不多。

第二件事，去年台灣北部的某身心靈中心，先是未經告知便擅用宇宙花園《關於能量》書封為其課程宣傳，經宇宙花園明確表達不同意這樣的行為，請他們不要使用後，對方人員雖信件回覆不會再用，實際上卻仍繼續侵權使用了一個月後才拿下，並在其中心的網站發布不實之詞，混淆視聽。這位中心負責人還是台灣某些出版社向來合作的書籍推介者，實在令人感嘆！對於這類言行不一，佔了便宜還顛倒是非的行為，我不會沉默，因為沉默是姑息和縱容。這對大家的靈魂都沒有幫助。人性裡的貪婪和欺騙習性是不少人要去克服的課題，希望有此課題的人都能順利超越考驗。

翻譯出版一本好書所耗費的心力和時間不是一般人能想像的。如果大家偶爾可以吃一餐幾百元的飯，那麼用同樣的錢購買一位作者半生的心血匯整（而且還已經譯成中文，又可以一再翻閱「反芻」），不是很物超所值嗎？有人用知識無價來表示知識的珍貴，但我卻覺得這個「無價」在現今社會好似成了沒有價值的同義詞。

宇宙花園出版這些書的目的是提醒和陪伴，希望大家能把書裡訊息和意義看進心裡，讓這些書達到它們的功用。也希望身心靈中心／平台的經營者和習慣使用他人心血當自己課程內容的人，能夠學習尊重智慧財產權，不要因一己之私利而侵犯他人權益。尊重別人，尊重自己，乃是靈性的根本。

二〇二一年四月

免責聲明

本書作者不提供醫療建議，也不指定使用任何技巧來醫治身體或處理醫學上的問題。書內所有的醫療資訊，皆取材自朵洛莉絲．侃南對個案的個別諮商和催眠療程，非作爲任何類型的醫療診斷之用，也非取代醫師的醫療建議或治療。因此，作者和出版者對於個人如何詮釋這些資訊或對書內資訊的使用並不承擔任何責任。

書中這些催眠個案的身分與隱私已受到最大保護。催眠進行的地點與事實相符，但書裡僅提及個案的名字，不透露姓氏，而名字也已經過更改。

宇宙花園　先驅意識15

迴旋宇宙2〔下〕——時間門戶和靈魂切面

The Convoluted Universe-Book Two

作者：朵洛莉絲・侃南（Dolores Cannon）

譯者：林雨蒨、張志華

出版：宇宙花園有限公司

通訊地址：北市安和路1段11號4樓

編輯：Stephan　內頁版型：黃雅藍

網址：www.cosmicgarden.com.tw

e-mail：service@cosmicgarden.com.tw

總經銷：聯合發行股份有限公司　電話：（02）2917-8022

印刷：鴻霖印刷傳媒股份有限公司

初版一刷：2021年4月

二版一刷：2024年5月

定價：NT$　480元

ISBN：978-986-97340-8-0

國家圖書館出版品預行編目資料

迴旋宇宙2〔下〕—時間門戶和靈魂切面
朵洛莉絲・侃南（Dolores Cannon）著；
林雨蒨・張志華譯 -- 初版. -- 臺北市：
宇宙花園, 2021.4　面；公分—（先驅意識；15）
譯自：The Convoluted Universe－Book Two
ISBN：978-986-97340-8-0（平裝）
1. 輪迴　2. 催眠術
216.9　　110006014